Ulrich Siewers

Erlebnis-Wandern & Spurensuche in der Eifel

General-Anzeiger
LEMPERTZ

Matthias Lempertz Buchhandlung und Antiquariat GmbH
Am Hof 16-18
53113 Bonn
Telefon 0228/ 7 66 77 67
Telefax 0228/ 7 66 77 69

Umschlaggestaltung, Satz & Layout:
ARTCOM, Christine Greguletz, Königswinter

Lithographie:
ARTCOM, Andrea Lacey, Königswinter

Druck:
GRASPO CZ, a.s. Zlín, Tschechien

Printed and bound in Czech Republic

ISBN 3-933070-22-8

Inhaltsverzeichnis

Kapitel 3

Kapitel 4

Kapitel 5

Kapitel 6

Canon

Spurensuche in der Eifel

Beim Wandern mehr erleben

Wanderführer als Ermunterung zur eigenen Spurensuche

Die Leser meines Buches „Erlebniswandern beiderseits des Rheins" wissen bereits, dass ich nicht viel vom Wandern nach Gehzeiten halte. Mit offenen Augen neugierig die Natur genießen, ist mit Marschtritt kaum möglich. Die Uhr sollte unterwegs nur eine untergeordnete Bedeutung haben. Deshalb bin ich mehr für „Verweilzeiten" denn für Gehzeiten. Anregungen geben, wonach man unterwegs Ausschau halten könnte, halte ich allerdings für sinnvoll. Ich hoffe, dass sie auch meinen Mitwanderern bei ihren Entdeckungstouren nützlich sind.

Wer behauptet, sein Umfeld zu kennen, wie seine Westentasche, hat noch nie richtig hingeschaut. Immer gibt es in der Natur etwas Neues zu entdecken. Und jede Entdeckung ist ein Stück Geschichte. Deshalb finde ich, dass der Zusammenhang zwischen Naturerlebnis und Geschichte stets eine kreative Einheit darstellt.

Um diese Kreativität zu fördern, betrachte ich die folgenden Kapitel nicht als Betriebsanleitung oder Lesebuch. Ich möchte meine Leser vielmehr mit der Beschreibung einiger Wandertouren und der Schilderung wissenswerter Hintergründe auf unterhaltsame Weise animieren, selbst zu recherchieren und ähnliche Erlebnismomente zu kosten. Ich habe mich dabei stets bemüht, sorgfältig zu recherchieren. Da ich weder akademisch gebildeter Historiker, Biologe noch Geologe bin, erhebe ich keinen Anspruch auf wissenschaftliche „Unfehlbarkeit". Mich hat bei meinen Recherchen nur die eine Leidenschaft getrieben - meine journalistische Neugier.

Warum gerade die Eifel?

Als Zielgebiet meiner Recherchen habe ich die Eifel gewählt, weil ich in Deutschland keine Region kenne, die so vielfältig hinsichtlich ihrer Landschaften, ihrer Flora und Fauna und ihrer Geschichte ist. Hinzu kommt, dass die Eifel für die Menschen an Rhein und Ruhr, aber auch aus dem Rhein-Main-Gebiet und aus der Südwestregion gut erreichbar ist. Außerdem werden die Angebote der Hotellerie und der Gastronomie von Jahr zu Jahr besser und reichhaltiger. Das einst als „Preußisches Sibirien" geschmähte Land zwischen Maas, Rhein und Mosel hat sich längst zu einer touristischen Perle Europas gewandelt. Dennoch gibt es noch keinen störenden Massentourismus. Daher gehört es auch zu einer Spurensuche, ganz individuelle Unterkünfte für den Eifelaufenthalt aufzuspüren und die Kostbarkeiten aus Kellern und Küchen der Region zu entdecken.

Vorbereiten – aber richtig

Die richtige Vorbereitung einer erfolgreichen Spurensuche findet meist fernab vom Ort der späteren Handlung statt. Das Suchgebiet haben wir ja bereits festgelegt - die Eifel.
Der Besuch in der Abteilung „Regionalia" einer Stadtbibliothek oder in einem gut sortierten Buchladen ist oft der erste Anlass, Lust auf ein bestimmtes Ziel zu bekommen. Ein ansprechendes Foto in einem Bildband über die Eifel, eine Berichtspassage in einer Reisebeschreibung, eine Wegbeschreibung in einem Wanderbuch und der Wunsch, mehr über einen bestimmten Ort und seine Umgebung zu erfahren, keimt auf. Dasselbe gilt für Zeitungslektüre und Besuche im Internet. Auch junge Menschen wissen längst, dass die Eifel „einfach hip" ist.
Manchmal erfolgt der Erstkontakt durch einen Bericht im Fernsehen, vielleicht eine Reportage über Land und Leute, die auch „Nichteifelaner" neugierig macht. Haben wir den Namen eines Ortes, eines Tales oder eines Berges entdeckt, ist er das Stichwort, das uns dem Ziel näher bringt. Wie mit einem Schlüssel ermöglicht es uns, Hintergründe zu öffnen, um weitere Informationen zu erlangen. Die eigentliche Recherche beginnt.
In der Bibliothek oder im Buchladen finden wir mit Hilfe des Stichworts schnell gleichartige oder ergänzende Quellen. Das geschieht heute vornehmlich mit Hilfe eines Computers. Auch in Zeitungsarchiven wird so verfahren. Noch einfacher und meist effektiver gelingt die Stichwortsuche im Internet mittels einer geeigneten Suchmaschine (s. Anhang).
Wir können auch auf der Homepage der entsprechenden Fernsehanstalt Informationen mit Inhaltsangabe zu einem gesendeten Beitrag finden und ausdrucken. Schon ergeben sich neue Stichwörter.

Kleine Kartenkunde

Es kann auch der Blick auf eine Landkarte sein, der die Lust auf das Hinfahren weckt. Vor den Augen eines Kartenkundigen bedeuten die verschieden farbigen Linien, Symbole und Zahlen eine schematisierte plastische Landschaft mit Tälern und Bergen, Gewässern und Straßen, Wäldern und Siedlungen. Das Lesen dieser, einer Computeranimation vergleichbaren Ansicht bedarf ein wenig der Übung. So, wie wir uns im Italienurlaub nach kurzer Eingewöhnung auf der Speisekarte zurecht finden, so können wir auch mit ein wenig Erfahrung schon bald eine Landkarte lesen.
Die erste grobe Übersicht verschaffen wir uns mit einer guten Autoreisekarte (z. B. ADAC) oder einem Autoatlas (z. B. SHELL-Atlas). Bestandteil jeder Karte ist die sogenannte Legende. Hier erfahren wir, was es mit den verwendeten Symbolen und farbigen Markierungen auf sich hat. Touristische Hinweise zu Baudenkmälern wie Schlösser und Burgen, Burgruinen und Klöstern sind auf diesen Übersichtskarten meist rot eingedruckt und mit entsprechendem Text in ro-

ter Schrift versehen. Das gilt auch für archäologisch wertvolle Baudenkmäler, Museen und besondere Aussichtspunkte. Für die Vorauswahl und die Stichwortsuche können uns diese Daten bereits sehr nützlich sein.

Landschaftlich besonders reizvolle Strecken sind oft zusätzlich grün markiert und bieten meist schon bei der Anreise Erlebnisse für das Auge. Außerdem sagen uns die Zahlen zwischen bestimmten markierten Punkten (Ortschaften, wichtige Straßenkreuzungen etc.), wie viele Kilometer zwischen ihnen liegen. Die grobe Routenplanung setzt immer zwei Dinge voraus. Wir müssen die Stelle auf der Karte markieren, wo unsere Reise beginnt, und den Ort, der das Ziel unserer Fahrt sein soll. In einem Autoatlas finden wir jeden Ort, der auf der Karte verzeichnet ist, im sogenannten Ortsregister. Mit Hilfe eines dort genau erläuterten Suchsystems lässt sich der Ort leicht lokalisieren. Anschließend versuchen wir, eine gerade Linie zwischen den beiden Orten zu ziehen. Das geht natürlich auf einer Karte einfacher, als in einem mehrseitigen Atlas.

Machen wir doch ein kleines Spiel mit einem Partner oder für die ganze Familie daraus, denn es geht ja noch weiter. Wir suchen als nächstes einen passenden Straßenverlauf möglichst nahe an der ermittelten Linie. Autobahnen, auch wenn sie nicht ganz der Ideallinie entsprechend verlaufen, bedeuten Zeitgewinn. Alle Autobahnanschlüsse sind auf guten Karten mit ihren Namen gekennzeichnet. Viele Ortschaften im Zuge der Ideallinie kosten Zeit. Wir suchen uns deshalb die für uns am besten geeignete Strecke genau aus. Dazu notieren wir sämtliche markanten Punkte auf unserer Route, insbesondere diejenigen, wo z. B. der Wechsel von einer Bundesstraße auf eine untergeordnete Landstraße erfolgt. Wir notieren die jeweilige Straßenbezeichnung und die Distanz zum nächsten Kartenpunkt. Wir notieren ebenfalls die nächsten größeren Ortschaften im weiteren Verlauf unserer Strecke, damit wir den Hinweisschildern folgen können. So kommen wir bestimmt sicher an unser Ziel.

Wer über ein Satellitennavigationssystem im Pkw verfügt, kann sich den Zeitaufwand zwar sparen, verliert aber auch das Gefühl für Raum und Zeit. Dann ist es schon besser, mit Hilfe eines PC-Programms (z. B. map & guide) den besten Reiseweg zu suchen oder den kostenlosen Routenservice *www.reiseplanung.de* im Internet zu Rate zu ziehen. In beiden Fällen kann man sich eine Karte mit markierter Strecke ausdrucken lassen.

Für die eigentliche Spurensuche vor Ort gibt es in der Regel zwei Kartenformate. Es gibt die topografischen Karten im Maßstab 1 : 50 000 oder 1 : 25 000. Beide Formate sind geeignet. Einige der topografischen Karten im Maßstab 1 : 50 000 weisen die Wanderwege des Eifelvereins aus. Die Wanderkarten des Eifelvereins sind fast sämtlich im Maßstab 1 : 25 000 gedruckt. Beim Kauf ist darauf zu achten, dass das letzte Änderungsdatum der Karte (in der Legende vermerkt) möglichst nicht länger als fünf Jahre zurück liegt. Veränderungen in den

Wäldern, z. B. Windwürfe, Schneebrüche oder Bergrutsche, aber auch Straßenneubauten, sorgen immer wieder für neue Wegeführungen. Auch Veränderungen der landwirtschaftlichen Flächennutzung zwingen dazu. Den Hinweisen auf Einkehrmöglichkeiten kann man auch nur begrenzt trauen. Wer nicht riskieren möchte, mit einer halbverdursteten Kinderschar vor einer längst geschlossenen Einödschenke zu stehen, ruft sicherheitshalber vorher bei der zuständigen Touristinformation an.
Bei der Feinplanung kann die Technik nicht mehr helfen. Mit der richtigen Karte ausgestattet, gerät der weitere Verlauf unserer Spurensuche zum regelrechten Vergnügen. Auch hier gilt es, die am Kartenrand gedruckte Legende genau zu studieren. Alle wichtigen Landschaftsformen, die in der Karte verzeichnet sind, werden hier erklärt. Felswände, Steinbrüche, Höhlen sind ebenso erkennbar wie Gewässer aller Art. Die überwiegende Bodenvegetation, also Laubwälder, Nadelwälder, Heidelandschaften und Sumpf, aber auch markante Einzelbäume sind genau wiedergegeben. Die feinen, braungefärbten Höhenlinien verraten uns, ob es bergauf oder bergab geht. Liegen mehrere Linien eng beieinander, sind die Hänge steil. Weiter Abstand und wenige Linien bedeuten sanfte Steigungen bzw. Gefälle. Überlandleitungen, Wasserhochbehälter und andere künstlich errichtete Hochbauten erleichtern das Zurechtfinden vor Ort.
Wichtig für unsere Spurensuche sind Hinweise auf historische Besonderheiten in Form von Kulturdenkmälern (KD), grün gekennzeichneten Naturschutzgebieten (NSG) oder Naturdenkmälern (ND). Hier gibt es immer etwas aufzuspüren.
Lehrpfade zu den verschiedensten Themenbereichen sind gesondert ausgewiesen und können in den Wegeverlauf eingeplant werden.
Spätestens jetzt haben wir reichlich Indizien in Form von Stichwörtern, die uns weiter helfen können.

Weitere Recherchen

Es gibt heute kaum eine Gemeinde in der Eifel, die nicht von einer örtlichen oder regionalen Tourismusförderung betreut wird. Die Qualität dieser Betreuung lässt zwar noch manche Wünsche offen, aber die Verantwortlichen sind stets nach besten Kräften bemüht, Informationen zu verschicken oder individuelle Anfragen zu beantworten. In der Regel ist dieser Service kostenlos. Manchmal wird eine kleine Schutzgebühr erhoben.
Im Vergleich mit anderen Regionen ist die Eifelregion hervorragend im Internet präsentiert (Adressen s. Anhang). Sie profitiert auch von der Tatsache, dass es länderübergreifende Projekte gibt wie den Deutsch-Luxemburgischen Naturpark und den Deutsch-Belgischen Naturpark. Außerdem liegt die Region unmittelbar im Einzugsbereich wichtiger Universitäten wie Aachen, Köln, Bonn, Koblenz, Trier und Mainz. Dieser „akademische Raum" sorgt für ständig neue For-

schungsprojekte und damit Veröffentlichungen zu interessanten Themen aus den Bereichen, denen auch wir auf der Spur sind.

Kleine Fährtenkunde

Wer durch die Eifel wandert, ist zu keinem Zeitpunkt allein. Ständig werden wir beobachtet, erschnüffelt und ausgespäht. Gemeint sind weder die Schlapphüte aus dem Kalten Krieg, die es jetzt mehr an die Spree getrieben hat, noch die fast vergessene voyeuristische Fangemeinde einer kameragespickten Containerunterkunft in Hürth am Rand der Eifel. Gut getarnt beäugen die wilden Tiere des Waldes unsere Spurensuche, mal verängstigt, mal verärgert. Auch wenn wir sie nur selten zu Gesicht bekommen, sind sie da. Reh- und Rotwild, Schwarzwild und Mufflonschaf, Fuchs und Dachs, Wildkatze und Waschbär, Marder und Iltis, Siebenschläfer und Eichhörnchen, Hase und Kaninchen heißen die vierbeinigen Weggefährten. Ihnen in freier Wildbahn zu begegnen, gehört zu den schönsten Erlebnissen eines erfolgreichen Spurensuchers. Meist weichen sie uns rechtzeitig aus. Ihre Fährten allerdings, vor allem in der Winterzeit, wenn frischer Schnee gefallen ist, verraten ihre Anwesenheit. Auch die sumpfigen Morastlöcher in den Eifelwäldern, Suhlen genannt, zeugen von ihrer ständigen Präsenz. Und wer die Augen am Weg offen hält, findet das ganze Jahr über deutliche Hinweise auf ihre Anwesenheit. Dem fortgeschrittenen Spurenleser verraten sie viel über ihren Gemütszustand, ihr Alter, ihre Vorlieben und vor allem ihre immer wieder begangenen Wege.

Frische Fährte eines weiblichen Rothirschs (Alttier) und ihres Nachwuchses (Kalb)

Manche Tierarten, die längst ausgestorben sind, haben uns ihre Spuren hinterlassen. Mitunter sind es ihre zu Stein gewordenen Körper, mitunter auch nur die Abdrücke ihrer Extremitäten. So lassen sich auch noch nach Millionen Jahren ihre Lebensgewohnheiten und -räume deuten. Aus diesen Spuren entstanden, dank moderner Computer, lebendige Bilder, wie sie heute seit der Verfilmung von Jurassic Park jedem Schulkind vertraut sind.

Auch der Mensch hinterlässt Fährten. Seine heute kaum übersehbaren Spuren verraten etwas über seinen Charakter, seine Lieblingsspeisen und -getränke, seine bevorzugte Zigarettenmarke und seine Einkaufsgewohnheiten, manchmal sogar etwas über den Gesundheitszustand seiner Füße und den Grad seiner Mobilität. Dies bleibt sogar ungeübten Spurenlesern kaum verborgen, zumal diese

Fundstücke – Schnurkeramikscherben und Knochenreste aus einem Urnengrab 7000 – 3000 v. Ch.

Spur des Menschen oft Jahre lang erhalten bleibt. Der Geist des modernen Umweltschutzes im Zeitalter der Massenzivilisation verbietet selbstverständlich derartige „Spurenlegung". Unter Naturfreunden ist sie absolut verpönt.
Als nur wenige Menschen unser Land bevölkerten, waren die Spuren seiner Bewohner noch keine Belastung für ihre Umwelt. Oder doch? Ihre Abfälle in Form von Tonscherben, zerbrochenen und weggeworfenen Gebrauchsgegenständen und anderer Zivilisationsmüll geben jedenfalls Archäologen reichlich Arbeit und füllen die Magazine und Vitrinen der Museen.
Am ehesten finden Wanderer die Spuren des Menschen in Form von Steinen. Manchmal lose aufeinandergeschichtet, mitunter sorgsam miteinander verbunden, mal grob behauen, mal kunstvoll gestaltet haben sie etwas gemeinsam. Man hat das Material gewählt, weil es lange als am wenigsten vergänglich galt. Es sollte nach Möglichkeit ewig halten. Erst waren es Werkzeuge, dann Kultsteine, später Befestigungs- und Wohnanlagen, die aus Steinen unter den Händen des Menschen entstanden. Noch später wurden die Steine „individualisiert". Der Mensch formte sie zu Denkmälern, zur Darstellung der eigenen Wertschätzung, zu Kunstobjekten. Sie standen für Besitzanspruch und Abgrenzung seiner Territorien.
In den Stein ritzte der Mensch schon sehr früh seine Wünsche und Vorstellungen ein, sei es um Fruchtbarkeit oder Jagdglück zu beschwören oder um seine eigenen Taten und Erfolge möglichst für die Ewigkeit zu dokumentieren. Auch heute noch gilt der Stein im Zusammenhang mit dem Tod des Menschen als Denk- oder Mahnmal für die Nachwelt. Was wäre die Menschheitsgeschichte ohne ihre steinernen Spuren?

Entdecken und genießen

Das Sprichwort behauptet, wer sucht, der findet. Stimmt, vor allem dann, wenn am richtigen Ort zur richtigen Zeit gesucht wird. Was es möglicherweise zu entdecken gibt, haben wir schon bei unserer vorausgegangenen Recherche (z. B. aus Prospektunterlagen) erfahren. Wenn dort etwa auf das Vorkommen heimischer Orchideen hingewiesen wird, lohnt es sich, die Augen offen zu halten. Damit niemand enttäuscht ist, weil im Spätherbst keine Orchideen im Fichtenwald blühen, gibt es handliche Taschenbücher zur Artenbestimmung. Man muss nicht Biologie oder Forstwirtschaft studiert haben, um zu wissen, dass bestimmte Blumen und Pflanzen eben nur zu einer bestimmten Zeit in einer für ihre Art typischen Umgebung wachsen. Das gilt ebenso für Tiere und ganz besonders für Pilze.

Pflanzen fotografieren

Eine Möglichkeit, die Schönheit von Blumen und Pflanzen in die heimische Stube zu tragen, bietet die Fotografie. Zunächst gilt es, mit dem vorhandenen Objektiv möglichst nah an das Motiv zu gelangen. Dabei ist zu beachten, den in der Betriebsanleitung der Kamera genannten Mindestabstand zu wahren, damit die Schärfe der Aufnahme stimmt. Auch mit einfachen Automatikkameras lassen sich so durchaus brauchbare Bilder erzielen. Vorsicht gilt für solche Geräte, die über einen sogenannten Autofokus verfügen. Schon ein kleiner Grashalm zwischen Motiv und Linse kann die Brennweite und damit die Schärfe der Ablichtung verändern. Die besten Ergebnisse erzielt man mit einer Spiegelreflexkamera, bei der sich der Autofokus, sofern vorhanden, abschalten lässt. Das Motiv sollte möglichst in Augenhöhe abgelichtet werden. Das bedeutet schon einmal den Ganzkörperkontakt mit dem (hoffentlich trockenen) Untergrund. Grasflecken lassen sich heute aus den modernen Geweben ohne Mühe entfernen.

Tiere vor der Kamera

Tiere des Waldes vor die Kamera zu bekommen ist ungleich schwieriger. Meist bleiben sie nämlich nicht stehen. Ohne Objektive mit entsprechend großen Brennweiten bringt diese Art der Fotografie auch nicht viel. Selbst mit einer Profiausrüstung ist die Tierfotografie ein kompliziertes Handwerk. Es gehört viel Zeitaufwand und noch mehr Geduld dazu. Ich versuche schon seit Jahren vergeblich, Wasseramsel oder Schwarzspecht nah genug vor die Linse meines Teleobjektivs zu bekommen. Eigenartigerweise konnte ich diese scheuen Vögel immer dann aus nächster Nähe studieren, wenn ich keine Kamera dabei hatte.

Dankbare Motive liefern immer wieder Schmetterlinge und andere Insekten. Wenn sie vertieft den Nektar aus den Blüten saugen, bleiben sie manchmal eine Minute lang am gleichen Ort. Gut geeignet sind die kühlen Morgenstunden, wenn die Aktivitäten der wechselwarmen Tiere eher träge sind. So habe ich schon wiederholt Eidechsen und Schlangen „porträtieren" können. A propos Schlangen - in der Eifel gibt es keine giftigen Arten. Es gibt also keinen Grund zur Panik, wenn uns auf oder am Rande unseres Weges ein derartiges Reptil be-

Schmetterlinge sind immer wieder ein faszinierendes Fotomotiv

gegnet. Im Trockenmauerwerk am Rand des Rotweinwanderwegs kann es schon einmal zur Begegnung mit der seltenen Glattnatter kommen. In den feuchten Wiesengründen oder an Gewässerrändern begegnen wir möglicherweise der Ringelnatter. Beide Reptilien sind völlig harmlos und wir sollten die Seltenheit ihres Anblicks genießen. Relativ häufig dagegen ist die Begegnung mit der Blindschleiche. Dieses ebenfalls völlig harmlose Reptil ist noch nicht einmal eine

Schlange! Es handelt sich um eine harmlose Eidechse, der eine Laune der Natur die Beine verkümmern ließ. Leider begegnen uns die aus Unkenntnis erschlagenen Überreste dieser wunderschönen und nützlichen Insektenjäger immer wieder auf unseren Touren.

Kulinarische Genüsse aus der Natur

Unsere Vorfahren ernährten sich über Jahrtausende aus der Natur. Im Zeitalter von Aldi & Co. wissen nur noch wenige, welche Genüsse am Wegesrand auf uns warten. Würzige Kräuter, schmackhafte Wildsalate, süße Beeren und andere Wildfrüchte, ganz zu schweigen vom Hochgenuss, der uns im Herbst in Form von Pilzen von der Natur geboten wird. Es gibt da weder künstliche noch naturidentische Aromen, keine Konservierungsmittel, keine Ersatzstoffe, keine Emulgatoren und Antioxidationsmittel. Gewiss, da wird vor dem allerorts lauernden Fuchsbandwurm, vor Schwermetallen und Strahlenbelastung gewarnt. Ich halte diese Form der Panikmache angesichts von BSE im Rindfleisch, Antibiotika im Schweinefleisch und Dioxin in Kuhmilch für maßlos übertrieben! Mit Verstand als Bereicherung (nicht als Ersatz) des heimischen Speiseplans gesammelt und zubereitet, sind die Delikatessen aus Wald und Flur vermutlich nicht schädlicher als die von der Ernährungsindustrie und Agrarchemie kreierten Produkte aus dem Supermarktregal.

Gerade die Eifel hat da allerhand zu bieten. Wenn es im April in den Buchenwäldern aromatisch nach Knoblauch duftet, dann ist Erntezeit für den Bärlauch. Als Salat (mit einer Garnitur von Gänseblümchen), als Suppeneinlage, als Pizzabelag oder als Gemüse geschmort, steht diese natürliche Vitamin C-Bombe seit Jahren bei uns daheim auf dem Speiseplan. Bärlauch kommt in so großen Mengen vor, dass ein besonderer Schutz der Art nicht erforderlich ist.

Kaum ist die Bärlauchzeit vorbei, blüht an Wegrändern, auf Ödland oder anderen kaum landwirtschaftlich genutzten Flächen der Beinwell. Sein Vitamingehalt, besonders aber die in ihm enthaltenen Schleimstoffe stärken den menschlichen Organismus und wirken Alterserscheinungen der Knochen und der Haut entgegen. In Bierteig gebackene Beinwellblätter und -blüten schmecken ganz vorzüglich.

Auf naturgedüngten Wiesen finden wir vom Frühling bis in den Sommer stets frischen Wiesenkerbel. Klein gehackt im Salat, in Saucen oder über eine Suppe gestreut gibt er den Speisen eine geschmacklich und optisch feine Note.

Im Mai blühen in den Buchenwäldern der Eifel ganze Teppiche von Waldmeisterpflänzchen. Eine Handvoll ist schnell gesammelt. Kaum fangen die Blättchen an zu welken, verströmen sie den typischen angenehm-aromatischen Duft. Er stammt vom Cumarin, einer Substanz, die sich erst einige Zeit nach dem Pflücken bildet. Mit Weißwein, Sekt oder Apfelwein aufgesetzt und mit Sprudelwasser gemischt entsteht ein belebendes Getränk, das unsere Urahnen bereits als Aphrodisiacum schätzten.

Zuviel des Guten kann allerdings zu Kopfschmerzen führen. Das Cumarin verflüssigt nämlich das Blut, was zum Anschwellen der Blutgefäße führt.
Den ganzen Sommer über ist der Tisch in der Natur reich gedeckt. Wilde Erdbeeren, Wildkirschen, Himbeeren, Blau- und Brombeeren sind gesunde und vorzüglich schmeckende Energie- und Vitaminspender. Ein Sträußchen wilder Thymian würzt nicht nur die Bratkartoffeln und den Schweinebraten, sondern fördert auch die Verdauung und den gesunden Schlaf.
Beifuß, ein Massengewächs auf Ödflächen, sorgt dafür, dass uns schwerverdauliche und fette Speisen nicht zu sehr belasten. Ein Sträußchen, kopfüber zum Trocknen aufgehängt, ist stets für die Weihnachtsgans reserviert.
Und dann die Pilze im Herbst! Idealerweise sollte man die Sorten, die man gern zum Verzehr sammeln möchte, gut kennen. Eine Teilnahme an einer geführten Pilzwanderung oder einem Pilzseminar der Volkshochschulen (wird meist in der Tagespresse angekündigt) sorgt für das notwendige Hintergrundwissen. Es gibt nämlich nur ganz wenige wirklich giftige Arten. Wer sich auf die heimischen Schwammpilze (die Hutunterseite sieht aus wie ein Schwamm) konzentriert, geht ohnehin nur ein ganz geringes Risiko ein. Die Wahrscheinlichkeit, den einzig giftigen Vertreter dieser Verwandten des Steinpilzes zu finden, ist in der Eifel ganz gering. Außerdem warnt die leuchtend rote Unterseite des sonst blassgrauen, an einen Totenschädel erinnernden Hutes vor jeglichem Genuss. Sollte ein Pilzgericht aus Schwammpilzen (Röhrlingen) einmal ungenießbar bitter schmecken, hat sich der ungiftige Gallenröhrling in den Korb geschmuggelt. Es bleibt nichts anders übrig, als das Pilzgericht zu entsorgen.

Die richtige Ausrüstung für Spurensucher

Die Eifel ist ein Wandergebiet, in dem man immer mit Niederschlägen rechnen muss. Das gute Wetter am Beginn einer Tour kann besonders im Frühjahr und im Herbst schnell umschlagen. Wer einmal bis auf die Haut durchnässt war, weiß, wovon ich rede. Im Laufe von 35 Wanderjahren habe ich mir eine Grundausrüstung zusammengestellt, die ich auch anderen mit gutem Gewissen empfehlen kann.

Bekleidung

- lange, weit geschnittene Hose mit Beintaschen
- bequemes Baumwollhemd oder Hemdbluse mit Brusttaschen
- T-Shirt und bequem sitzende, atmungsaktive Unterwäsche
- gut sitzende Wandersocken mit verstärkter Spitze und Ferse aus Baumwolle
- Klima-Wanderjacke mit vielen Taschen, die auch als ärmellose Weste getragen werden kann
- Festes, gut sitzendes Wanderschuhwerk (am besten Trekkingstiefel)

- Hut oder Mütze (als Kopfschutz)
- großes Baumwolltaschentuch

Die am besten helle Kleidung soll gegen Zeckenbisse, Sonnenbrand, Abschürfungen und Unterkühlung schützen. Zusätzlich gehört ein weiter Regenumhang ins Marschgepäck sowie ein Ersatz-T-Shirt.

Außerdem dabei ist ein

- bequem sitzender Rucksack (mindestens 20 L Inhalt)
- eine Taschenlampe mit frischen Batterien (für dunkle Passagen, Höhlen etc.)
- ein Erste-Hilfe-Päckchen (um kleinere Abschürfungen oder Hautrisse zu versorgen) und ein sauberes Dreiecktuch
- eine Zeckenzange (gibt es in jeder Apotheke)
- schwellungshemmende Salbe (Felskanten können manchmal gemein weh tun)
- ein Fläschchen „Neo-Ballistol" (ein bewährtes Allzweckmittel aus der Apotheke, das gegen Sonnenbrand, zur Desinfektion von Wunden, gegen Insektenstiche und tausend andere Übel gebraucht wird)
- ein paar Sicherheitsnadeln
- diverse kleine Plastikbeutel (es gibt dafür unterwegs immer Verwendung)
- Zusammengefaltete Alufolie (z. B. zur Mitnahme frischer Kräuter)
- Toilettenpapier
- Leinenbeutel (z.B. zum Transport gesammelter Pilze)
- Trillerpfeife (nur so kann man im Ernstfall im unübersichtlichen Gelände auf seine Notlage aufmerksam machen, Handys versagen in den engen Tälern der Eifel meist ihren Dienst!)
- 2 - 3 Meter Schnur (für alle möglichen Zwecke)
- teleskopierbarer Wanderstock
- Taschenmesser
- Taschenkompass
- Vergrößerungsglas
- Sturmfeuerzeug oder wasserfeste Streichhölzer

Variabel ergänzt wird die Ausrüstung durch die Mitnahme einer mit Tee oder Wasser (ggf. mit Zitronensaft aromatisiert) gefüllten Alutrinkflasche (Mindestinhalt 1 Liter), Tagesverpflegung, etwas Obst, ein paar Müsli- oder Schokoladenriegel und Traubenzucker.

Limonaden- und Colagetränke, Alkohol und Kaffee sind für die Unterwegsverpflegung nicht ratsam.

Empfehlenswert ist das Mitführen eines Fernglases. Fotografen sollten stets einen Reservefilm im Gepäck haben.

Kapitel 1

Auf den Spuren von 200 Millionen Jahren Geschichte

Wandern im Deutsch-Luxemburgischem Naturpark

Wissenswertes

Ausgedehnte Mischwälder, durchzogen von bizarren Felsformationen und tiefen Schluchten bestimmen das Landschaftsbild des Deutsch-Luxemburgischen Naturparks. Zentrum dieser in Europa einzigartigen Landschaft ist der Luftkurort Bollendorf an der Sauer, einem Nebenfluss der Mosel. Fünf ausgedehnte Plateaus bilden den Kern (Ferschweiler-, Holsthumer-, Wallendorfer-, Berdorfer- und Beaufortplateau). Die Ränder dieser Plateaus bestehen aus kilometerlangen Sandsteinwänden, die sich hoch über den tief eingeschnittenen Tälern von Sauer, Our, Gaybach, Prüm und Müllerbach türmen. Zahlreiche Quellen und Wildbäche sprudeln in den Klüften und Schluchten der Sandsteinformationen und formten eine wildromantische Idylle. Die schönsten Winkel des Naturparks ohne Grenzen erreicht der Naturliebhaber über ein gut ausgebautes und beschildertes Wanderwegenetz.

Seit mehr als 6000 Jahren wohnen nachweislich Menschen in dieser Region. Die wasser- und wildreichen Wälder, der Schutz der hohen Felsen und die einfach zu bearbeitenden sandigen Böden bieten die besten Voraussetzungen für das Überleben. Ihre Spuren finden wir in Form von Ritzzeichnungen im Fels, von Menhiren und Kultsteinen. Vor etwa 3000 Jahren dringen Kelten in das vom milden Moselklima begünstigte Gebiet vor. Ihnen folgen 1000 Jahre später die Römer ins Tal der Sauer. Zahlreiche gut erhaltene Zeugnisse der frühen Geschichte finden wir überall in der Region.

Vor etwa 200 Millionen Jahren liegt die Region am nordöstlichen Rand eines flachen Meeres, dessen Zentrum das heutige Pariser Becken bildet. Aus diesem Meer ragen unter anderem die Ardennen, Teile der Eifel, der Hunsrück und die Vogesen als Festland heraus.

Flüsse, die aus dem nördlich gelegenen Festland in dieses Liasmeer einmünden, transportieren aufgearbeitetes Verwitterungsmaterial, das hier angespült wird. Während sich im offenen Meer überwiegend Mergel (Ton/Kalk) ablagern, kommt es am Nordwestrand des "Golfes von Luxemburg" zur Bildung einer der Küste vorgelagerten Sandbank.

Durch Einsenken der Erdkruste wird diese Sandbank von jüngeren, nicht sandigen Ablagerungen überdeckt. Unter der Einwirkung der Erdwärme und des

Druckes der überlagernden Schichten werden die Sandkörner durch Ausscheidung von Kalk (Bindemittel) zu einem kalkhaltigen Sandstein verfestigt. Es entstehen härtere Schichten (Bänke) mit viel Bindemittel und weichere Schichten mit weniger Bindemittel.
Später zieht sich das Meer infolge einer Aufwärtsbewegung der Erdkruste (Entstehung des Rheinischen Schiefergebirges) zurück. Durch Abtragung der überlagernden Schichten kommt der Sandstein wieder zum Vorschein. Unter Einwirkung aktiver Kräfte bilden sich im Erdinnern riesige, senkrecht stehende Klüfte, die bis hinunter in die tonreichen, wasserundurchlässigen Keuper- und Muschelkalkschichten reichen. Das erklärt den heutigen Grundwasserreichtum und die zahlreichen Quellen in der Region. Die nagende Wirkung von Wärme und Kälte, Wasser und Wind gestalten seitdem die bis zu 40 Meter aufragenden Sandsteinwände. Dort, wo der Sandstein, wie zuvor beschrieben, unterschiedliche Bindungsgrade aufweist, hat die Erosion jene bizarren Formen und Muster im Fels geschaffen, die uns heute in Erstaunen versetzen. Einmal erinnern Löcher an Schweizer Käse, dann wiederum glauben wir, von Menschenhand geschaffene Bilder zu erkennen.
Eine weitere Besonderheit der Region ist ihre vielfältige Flora und Fauna. Seltene Blumen, zahlreiche Farne und eine Vielzahl von Gehölzen treffen wir in den geschützten Lagen unterhalb der Felswände und auf den Plateauflächen. Allein über dreißig Orchideenarten kommen hier nachweislich vor. Seltene Vögel wie Uhu, Wanderfalke, Habicht, Wiedehopf und Schwarzspecht sind in den Felswänden und in den Althölzern der Wälder heimisch. In den Bächen jagt die Wasseramsel nach Kleingetier und der Eisvogel ist an Prüm und Gaybach häufiger zu beobachten. Außer Bären, Luchsen und Wölfen kommen fast alle Wildarten in den Wäldern des Deutsch-Luxemburgischen Naturparks vor.

Vorbereitungen

Tageswanderungen sind jederzeit vom Frühjahr bis in den Herbst möglich. Besonders empfehlenswert ist der späte Frühling, wenn die Orchideen blühen oder der Herbst, wenn köstliche Pilze die Wegränder säumen. Wer ein Wochenende oder gar einen Urlaub in der Region plant, sollte sich frühzeitig um ein Quartier kümmern. In den Ferien können die Betten schon einmal knapp werden. Zahlreiche Hotels aller Kategorien, Pensionen und Ferienappartements stehen zur Verfügung. Auch komfortable Campingplätze warten auf Gäste. Eine moderne Jugendherberge gibt es in Bollendorf.
Erwähnenswert ist das Hotel Ritschlay in Bollendorf. Das Besitzerehepaar Braun bietet mehr, als nur Kost und Logis. Das Haus ist ganz auf die speziellen Bedürfnisse der Wanderer eingerichtet. Frau Braun sorgt dafür, dass es an nichts mangelt. Als Vorsitzender des örtlichen Eifelvereins kennt Günter Braun die Ge-

gend wie kaum ein anderer. Seine Tipps hat er in einem speziellen Wanderbüchlein für seine Gäste zusammengestellt. Wenn es ihm die Zeit ermöglicht, führt er seine Gäste persönlich zu den schönsten Ecken der Umgebung. Und die Abende verbringt man unter Gleichgesinnten z.B. auf der im Trevererstil gestalteten Aussichtsterrasse, in der urigen Hausbar oder im gemütlichen Zimmer oder Appartement. Kein Wunder, dass das Haus fast ganzjährig belegt ist.

TIPP: Wer im Bereich des Deutsch-Luxemburgischen Naturparks Zimmer oder Appartements benötigt, sollte sich schon sehr frühzeitig anmelden!

Die Anreise erfolgt in der Regel mit dem Pkw, aber auch per Bahn und Bus erreicht man problemlos das Ziel. Die Fahrt mit der Bahn von Köln nach Trier und die Weiterfahrt per Bus nach Bollendorf dauert nur knapp 3 $^1/_2$ Stunden. Die Touristikbüros auf deutscher Seite und in Luxemburg bemühen sich vorbildlich, den Erwartungen der Gäste gerecht zu werden. Manche bieten spezielle Wandertouren an. Man wandert von einem Quartier zum nächsten, ohne sich um Verpflegung und Gepäck kümmern zu müssen.
Die regionale Küche, insbesondere auf Luxemburger Gebiet, bietet vorzügliche Qualität. Besonders die Wildgerichte und die exzellent zubereiteten Forellen sind zu empfehlen.

Allgemeine Ratschläge

Grundsätzlich gelten im Deutsch-Luxemburgischen Naturpark die für jeden Wanderer selbstverständlichen **Regeln des Natur- und Umweltschutzes:**

- Abfälle gehören dahin zurück, wo sie hergekommen sind
- Verlassen der Wanderwege und Pfade nur, wenn es unvermeidlich ist
- Blumen und Pflanzen bleiben dort stehen, wo sie wachsen
- Lärm und unnötige Unruhe in der Natur schadet den Tieren
- Hunde gehören an die Leine
- Naturfreunde verlassen ihren Picknickplatz so, wie sie ihn gerne vorgefunden hätten

Wanderkarten:

Wanderungen auf deutscher Seite (die Kartierung des Luxemburger Teils ist längst veraltet): Wanderkarte 1 : 25 000 des Eifelvereins Nr. 28 „Irrel - Echternach“
Wanderungen in Luxemburg: Topografische Wanderkarte 1 : 25 000 „Kleine Luxemburger Schweiz und Untersauer“
erhältlich neben zahlreichen anderen nützlichen Informationen bei den Luxemburger Fremdenverkehrsbüros z.B. in Berdorf

Nützliche Adressen:

Verkehrsamt Bollendorf
An der Brücke · D-54669 Bollendorf
Tel. (06526) 930 33 · Fax (06526) 930 35

Syndicat d'Initiative et de Tourisme
7, An der Laach · L-6550 Berdorf
Tel. (00352) 79 06 43 · Fax (00352) 79 91 82

Syndicat d'Initiative et de Tourisme
9, Rue de l'Eglise · L-6315 Beaufort
Tel. (00352) 83 60 81 · Fax. (00352) 86 91 08
E-mail: info@beaufort.lu

Syndicat d'Initiative et de Tourisme
Porte St-Willibrord · L-6401 Echternach
Tel. (00352) 72 02 30 · Fax (00352) 72 75 24

Tourist Information Irrel
Hauptstrasse 4
D-54666 Irrel
Tel. (06525)-500 · Fax 6525-500
E-mail: info@tourist-information-irrel.de

Anfahrt

aus dem Raum Ruhrgebiet / Köln: Autobahn A 1 – Autobahnende – Bundesstraße B 51 – Richtung Trier – Bitburg – Bundesstraße B 257 – Richtung Luxemburg – Abfahrten nach Irrel, Echternacherbrück / Bollendorf, Echternach sind ausgeschildert

aus dem Raum Aachen: über die Autobahn Richtung Lüttich – Autobahnkreuz Battice Richtung Spa / Trèves (Trier) – Autobahn A 60 Anschlussstelle Bleialf – Landstraße Richtung Üttfeld – Lichtenborn – Krautscheid – Sinspelt – Mettendorf – Nusbaum – Bollendorf – Echternach, Irrel und alle weiteren Ziele sind ausgeschildert

aus dem Raum Koblenz /Süddeutschland / Saarland: Autobahndreieck Moseltal – Autobahn A 602 Richtung Trier / Luxemburg – Anschlussstelle Trier-Ehrang – Bundesstraße B 51 – Richtung Bitburg / Aachen / Köln – abbiegen rechts Landstraße Newel / Butzweiler / Olk / Ralingen – an der Sauer entlang Bundesstraße B 418 über Godendorf nach Echternacherbrück – alle weiteren Ziele sind ausgeschildert

Immer wieder geht es durch enge Spalten und Durchlässe im Fels

Abenteuer am Felsenweg zwischen Hälbach- und Teufelsschlucht

Auf Spurensuche im Tal der Prüm

Als eine der schönsten Wanderstrecken im Deutsch-Luxemburgischen Nationalpark gilt unter Eifelkennern der Felsenpfad am Ostrand des Ferschweiler Plateaus zwischen der Hälbach- und der Teufelsschlucht, hoch über dem rechten Ufer der Prüm. Die Schilderung grandioser Felspassagen durch abgelegene Schluchten und einen großen, antiken Mühsteinbruch hat uns neugierig gemacht. Man hat uns außerdem geraten, genügend Zeit einzuplanen, weil die üblichen Gehzeiten auf dieser Route kaum in Betracht kämen. Hohe Wanderstiefel und der Bergstock erwiesen sich als ausgesprochen hilfreich. Zum Fotografieren sind Filme mit hoher Lichtempfindlichkeit erforderlich und auch ein Blitzgerät im Rucksack ist kein überflüssiger Ballast.

Wild schießt die Prüm bei Irrel über die Felsbarrieren zu Tal

So gerüstet beginnen wir unsere Entdeckungstour an einem der meistfotografierten Sehenswürdigkeiten der Region, den Wasserfällen an der Prüm zwischen Irrel und Prümzurlay.
Unser Auto haben wir auf dem Wandererparkplatz neben der Straße zurück gelassen und folgen dem ausgeschilderten Weg. Nach dem obligatorischen Foto der Stromschnellen überqueren wir das faszinierende Naturschauspiel über den schindelgedeckten hölzernen Brückensteg. Auf dem breiten Uferweg drüben angekommen, wandern wir nach rechts Richtung Hälbach (5). Hier im Buchenwald bedeckt im späten Frühjahr ein grüner Waldmeisterteppich den Waldboden. Zwischen den weißen Blütensternen dieses Kräutleins, das zur Herstellung der berühmten (und manchmal auch berüchtigten) Maibowle benötigt wird, leuchtet um diese Zeit die hier häufig anzutreffende Goldnessel. Nach gut einem Kilometer erreichen wir die Stelle, wo der Hälbach in die Prüm mündet. Hier beginnt freies Feld und gleichzeitig begegnen wir einer regionalen Besonderheit. Bei der Ansammlung von telegrafenmastenähnlichen Stangen, die miteinander mit Drähten vernetzt sind, handelt es sich um ein Hopfenfeld. Wer auf die Autokennzeichen der Einheimischen achtet, könnte ei-

Blühender Aaronstab – Eine botanische Kostbarkeit

nen gewissen Zusammenhang erkennen. Sie fangen alle mit BIT an. Zum Bierbrauen gehört schließlich traditionell Hopfen, und der gedeiht hier besonders prächtig.
Wir folgen nun dem Wegweiser nach Ernzen (18) nach links und überqueren den Hälbach über eine kleine Holzbrücke. Hier blüht im Frühjahr der Aronstab, eine botanische Kostbarkeit, am Wegrand.
Wir wandern am Bach aufwärts, der sich hier im Lauf der Jahre eine tiefe Schlucht gegraben hat. Schachtelhalm und Wurmfarn stehen üppig am Rand unseres Pfades, der den Hälbach mal links und mal rechts über Stege quert. Eingebaute Stufen aus Naturstein erleichtern den Aufstieg. Starke Regenfälle im Frühjahr oder heftige Gewitter führen hier häufig zu Hangrutschungen mit der Folge, dass riesige Bäume entwurzelt werden oder tonnenschwere Felsbrocken den Platz verlassen, den sie seit Tausenden von Jahren inne hatten. Außerdem schwellen dann in kürzester Zeit die kleinen Hangbäche zu tosendenden Wildwassern an, die alles mitreißen, was sich Ihnen in den Weg stellt. Immer wieder passieren wir Stellen, wo wir ohne gute Bergstiefel und ohne Wanderstock recht hilflos gewesen wären. Hier sollte der Arbeit der örtlichen Wander- und Heimatvereine ein dickes Lob gezollt werden, denn der Aufwand, der zur Erhaltung der Wege geleistet wird, ist enorm. Deutlich wird diese Arbeit am Fuß der „Heinzenlay“, wo der Weg vor einiger Zeit verschüttet wurde und zur Umgehung der Stelle sogar neue Stufen aus Zement gegossen wurden. Wir überblicken das ganze Ausmaß des stattgefundenen Naturereignisses, als wir den Hälbach über den Holzsteg queren und in die Schlucht hinabschauen. Dann geht es links hinauf, weiter dem Schild in Richtung Ernzen (18) folgend. Als wir auf den Ringweg A stoßen und ihm nach links folgen wollen, verschwindet der Wanderweg plötzlich. Was ist passiert? Wieder einmal hat sich ein mächtiger Felsblock gelöst und ist in den Hälbachgrund gerutscht. Wie bei einem Schiffzusammenstoß hat sich seine vorstehende Nase in einen anderen Felsen gebohrt. Große Teile sind dabei abgesplittert. Der Wanderweg wurde versperrt.
Der mittlerweile geschaffene Ersatzweg führt über den Hälbach, über Treppenstufen nach links im Bogen am Hindernis vorbei bis an die Stelle, wo wir wieder auf den Ringweg A stoßen. Der hier durch Holzgeländer gesicherte Pfad verläuft direkt unter der „Heinzenlay“ (Heyntzenlaai). Der Name dieser Felsfor-

mation stammt von der „Heyntzenwies", einer von Felsbarrieren begrenzten früheren Weidefläche in der oberen Hälbachschlucht. Dort grasten früher die Jungstiere, die in der Südeifler Mundart heute noch „Hänsjer" genannt werden. Aus dem moselfränkischen Häänzelaai (Fels der jungen Stiere) wurde so die heutige Heinzenlei.
Mit ein bisschen Glück beobachten wir Turmfalken, die in luftiger Höhe ihre immer heißhungrig schreienden Jungen mit Nahrung versorgen. Zur Beobachtung suchen wir uns einen festen Standplatz, denn jeder Schritt hier oben erfordert Konzentration, auch wenn der Felsenpfad weitgehend abgesichert oder sogar mit betonierten Stufen ausgebaut wurde.
Die Entstehung des Felsenweges geht auf das Jahr 1935 zurück. Hergestellt wurde er durch die Gemeinde Irrel, nachdem die Ortsgruppe des Eifelvereins den Anstoß dazu gegeben hatte. Mal geht es rauf, mal geht es runter. Der Weg folgt der rechts von uns imposant aufragenden Felsgalerie. Der mächtige Felsenturm, der sich uns nun in den Weg stellt, ist der sogenannte Tudorfelsen, benannt nach Robert Tudor, der sich zu Anfang des 20. Jahrhunderts anschickte, besonders markante Felsen mittels hölzerner Stege vom Plateau aus touristisch zu erschließen. Statt der Damen mit knielanger Garderobe und den Herren mit Stehkragen und Strohhut, die den Ausblick ins Tal der Prüm genießen, haben heute mächtige Buchen im Konkurrenzkampf um Licht und Nährstoffe die luftigen Aussichtspunkte erobert.

Ein Felssturz versperrt den Wanderweg

Nur wenige Meter weiter gelangen wir auf historisch bedeutsames Gelände. Wir befinden uns mitten in einem ausgedehnten Mühlsteinbruch. Seine Blüte erlebt er zur Römerzeit und auch im Mittelalter arbeiten Steinmetze die massigen Mühlsteinrohlinge direkt aus dem Fels heraus. Übrig geblieben sind die kreisrunden Bögen und Vertiefungen in der Felswand und zahlreiche zerbrochene Werkstücke. Eine Höhle im Felsturm am Weg weckt insbesondere das Interesse der jüngeren Mitwanderer. Im Volksmund „Keltenhöhle" genannt, umranken allerlei Sagen das dunkle Loch. Scherbenfunde bestätigen, dass hier schon in frührömischer Zeit Menschen gearbeitet haben. Wahrscheinlich diente die Höhle den Steinbrucharbeitern als Behausung.

Immer wieder müssen wir uns durch enge Durchlässe und Spalten hindurch zwängen. Am eindrucksvollsten ist das so genannte „Felsentor" (örtlicher Name „Hohllaai"). Auf dem alten Transportweg geht es nach rechts hinauf auf das Plateau, das wir aber schon nach wenigen Metern wieder in südlicher Richtung durch einen Hohlweg verlassen, um zum sogenannten „VIA-Punkt" zu gelangen. Der Name bezeichnet die Stelle am unteren Ausgang der Schlucht, wo das Wort (röm. via = Straße, Weg) gleich zweimal in den Felsen zu finden ist. Ob diese Kennzeichnung tatsächlich aus antiker Zeit stammt, darf bezweifelt werden, denn es fehlt der bei den Römern übliche Zusatz für das Ziel, die Nummer oder den Namen der Straße. Mit großer Wahrscheinlichkeit steht die Markierung dennoch im Zusammenhang mit dem Hohlweg, über den die Mühlsteine den Weg ins Tal fanden.

Wir bleiben auf dem Ringweg (A) Richtung „Teufelsschlucht". Nach etwa fünf Minuten erreichen wir eine Reihe malerischer Felsenschluchten, durch die im Frühjahr klare Bächlein fließen. Im Volksmund heißen sie z. B. „de hönnischt Foaschbaach" oder „de fischt Foaschbaach". Eine Felsformation fällt besonders auf. Sie erinnert an ein wie von Meisterhand aus dem Stein gemeißeltes Portrait. Die Einheimischen nennen diese Posse der Natur „et Gesiicht".

Naturkunstwerk – „et Gesiicht"

Berühmte Passage im Fels – die Teufelsschlucht bei Ernzen

Über eine hölzerne Brücke überqueren wir den Bach. Man kann es nur von der Talseite erkennen. Der Pfad führt erneut bergauf zum Plateau oberhalb der Felsenwände. Kurze Zeit später geht es rechts nach Ernzen und links hinunter zur „Teufelsschlucht", unserem nächsten Ziel. Wieder gilt es, einen engen Durchlass im Fels zu passieren. Wir durchwandern eine besonders romantische Felsschlucht, die den Namen „Oossekluuster" (Felsenkloster) trägt. Das Wort „Oos" bedeutet in der Sprache der alten (keltischen) Treverer soviel wie Felsen, das später durch das moselfränkische Laai (Ley, Lay) abgelöst wurde.
Nachdem wir die Schlucht verlassen haben, gelangen wir zu einem Felsvorsprung mit einer Ruhebank. Von hier aus hat man einen wunderbaren Blick ins Prümtal und den Luftkurort Irrel. Wir machen daher erst einmal Picknick.
Nach der Rast geht es am Bärenfelsen und der markanten „Roonlay" vorbei. Kurz bevor wir den touristischen Höhepunkt unserer Tour erreichen, fällt uns in der Wand eine etwas vorstehende Struktur auf, die auf ihrem linken Teil einer Eule gleicht und rechts die Konturen eines Stierkopfs aufweist. Derartige Launen der Natur tauchen häufig als Fabelwesen in den Mythen und Sagen der Region auf. Wir befinden uns am Eingang der sagenumwobenen „Teufelsschlucht". Entstanden ist sie nicht durch die erodierende Kraft des Wassers, sondern durch die Hebung des Rheinischen Schiefergebirges vor ca. 20 Millionen Jahren, die zu einer Bewegung der Sandsteinkruste und somit zur Bildung von tiefen Rissen (Klüften) im Gestein führte. Für unsere treverischen Vorfahren, die von den geologischen Hintergründen keine Ahnung hatten, war das natürlich das Werk des Teufels. Die Teufelsschlucht führt den Wanderer quer durch eine Felsformation, die „Aamslay". In ihrem kühlen Innern kommt es im Sommer oft zu Temperaturunterschieden von bis zu 20° C. Ein wenig ins Schwitzen gerät er trotzdem. Es gilt über schmale Stege zu balancieren, zahllose Stufen zu erklimmen und sich durch schmale Felsspalten zu zwängen.
Oben angekommen gibt es zwei Möglichkeiten. Entweder wandern wir nach rechts und besuchen noch das Besucherzentrum der „Naturerkundungsstation Teufelsschlucht" (mit Einkehrmöglichkeit) oder nach links auf dem Weg (A) weiter in Richtung Liboriuskapelle.
Um zurück ins Prümtal zu gelangen, folgen wir noch ein kurzes Stück dem Felsenweg (A) bis zu der Stelle, wo der Pfad (3) nach links hinab abzweigt. Weiter unten stoßen wir auf einen breiteren Waldweg (15), auf dem wir nach links weiter in nördlicher Richtung wandern, bis wir auf den Willibrordusweg (Hauptwanderweg des Eifelvereins) stoßen. Von nun an geht es zügig weiter bergab, der Ausschilderung „Wasserfälle" folgend.
Bei den Wasserfällen überqueren wir wieder die Prüm und bald darauf erreichen wir wieder den Wandererparkplatz. Acht Stunden, einschließlich Picknickpause und Fotohalte, waren wir unterwegs.

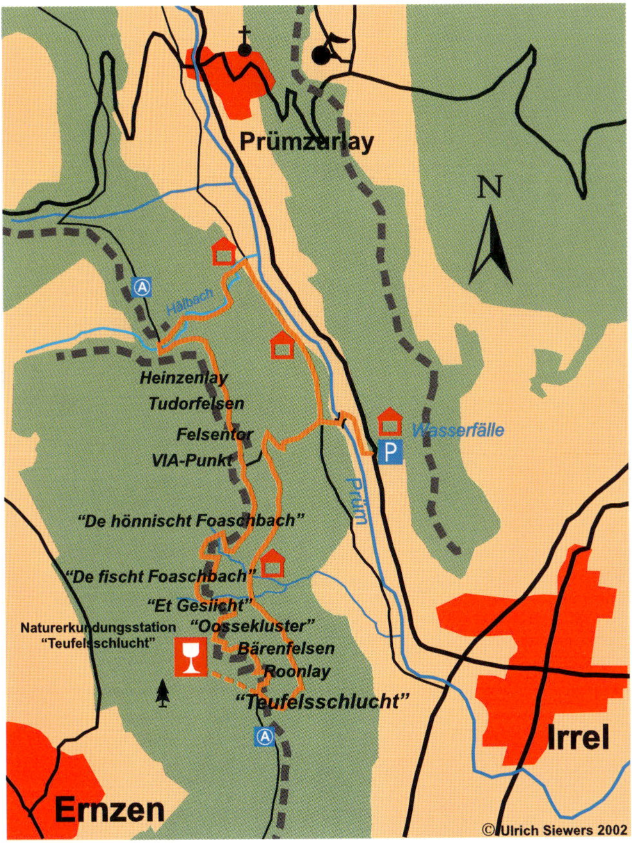

Start / Ziel: Wandererparkplatz am Wasserfall zwischen Irrel und Prümzurlay

Distanz: 8 Kilometer (5 – 6 Stunden sollten dennoch eingeplant werden)

Schwierigkeitsgrad: Ein wenig Kondition erforderlich

Die Ritschlay – Überreste einer antiken Bronzeschmiede?

Kultur und Natur im Einklang

Spurensuche auf dem Ferschweiler Plateau

Die Beschreibung einer Wanderung auf dem Ferschweiler Plateau gehört zu den „Standardübungen“ eines jeden Eifel-Wanderbuchautors. Das liegt mit Sicherheit daran, dass es kaum einen reizvolleren Ort gibt, der auf begrenztem Raum so viele touristisch interessante und kulturhistorisch wertvolle Sehenswürdigkeiten bietet. Die Faszination muss sich bereits im Steinzeitalter herum gesprochen haben, denn die Spuren der menschlichen Besiedlung aus dieser Zeit sind noch heute sichtbar. Der Grund für diese Anziehungskraft heißt damals einfach Sicherheit. Die knapp acht Kilometer lange und vier Kilometer breite Naturfestung profitiert auf drei Seiten von Mauern aus Fels. Lediglich die Nordwestflanke bildet eine Schwachstelle. Dazwischen liegen zwar nicht besonders fruchtbare Äcker, aber der lockere Sandboden lässt sich mit einfachen Geräten wie dem Hackstock leicht bearbeiten. Die frühen Siedler roden also die Buchen- und Eichenwälder und betätigen sich als sesshafte Bauern. Das öffentliche Leben in den kleinen Siedlungsgemeinschaften bestimmen weise Frauen. Frauen kümmern sich um den Familienverband, bestellen die Felder und sammeln Früchte des Waldes. Die Männer jagen truppweise in den umliegenden Wäldern oder ziehen zum Fischen in die Täler. Sie fertigen die Werkzeuge zur Rodung der Wälder, zur Feldbestellung und für die Jagd. Dann erscheinen eines Tages wild aussehende Gesellen auf dem Plateau. Ihre Anführer sitzen auf Pferden und sie besitzen Waffen aus Metall, die den Jagdwaffen und Knüppeln der Plateaubewohner weit überlegen sind. Sie nennen sich selbst „Kelten" und haben bereits einen langen Weg aus den Ländern der aufgehenden Sonne hinter sich. Fortan bestimmen sie, was auf dem Plateau geschieht. Damit ihnen niemand dieses Vorrecht nehmen soll, verstärken sie die offene Nordwestflanke durch künstliche Hindernisse, die sie im Lauf der Zeit immer mehr verbessern und ausbauen. Dann tauchen eines Tages wieder andere Männer auf. Sie zeichnen sich durch besondere Disziplin aus und tragen alle mehr oder weniger die gleiche Kleidung. Sie geben sich ziemlich hochnäsig und behaupten, aus einem Land südlich der Alpen zu kommen, dessen Herrscher ein gewisser Kaiser in Rom sei. Im großen und ganzen sind sie friedlich und siedeln an den Hängen in den Tälern der Flüsse. Die Römer verschwinden nach einer Weile wieder daher, wo sie hergekommen sind und das Leben auf dem Plateau geht irgendwie weiter. Dann kommen eines Tages wieder Männer. Sie behaupten, es gäbe nur einen einzigen Gott und finden, dass alle Bewohner des Plateaus derselben Meinung sein müssten. Wer sich ihrer Überzeugung anschließt, wird in Wasser getaucht und gilt fortan als Christenmensch. Die Bewohner bauen dem einzigen Gott Kirchen und Kapellen. Und in seinem Namen zahlen sie seitdem ihren jeweiligen Herren redlich Pacht und Abgaben. Über den Rest der Geschichte des Plateaus legen sich seitdem die Nebel des Vergessens. Und dann kommen die Wanderbuchautoren.

Ja, so oder ähnlich könnte die Geschichte in groben Zügen abgelaufen sein. Das Geheimnis des Ferschweiler Plateaus lernen wir am ehesten kennen, wenn wir es einmal durchwandert haben. Die Jahreszeit spielt dabei keine Rolle.

Wir marschieren früh morgens vom Parkplatz oberhalb der Jugendherberge und des Hotels Ritschlay hinauf bis zum Kneippbrunnen im Wald (31). Nach rechts geht es dann auf dem alten Karrenweg zunächst ein kurzes Stück bergab in östlicher Richtung bis zum Tennisplatz und dann nach links den Hang aufwärts (6). Unter dem schützenden Kronendach der Buchen ist es morgens noch recht kühl. Schon bald säumen mächtige Felsblöcke den Weg. Einer, ein paar Meter rechts vom Weg, fällt durch seine eigenartige Form auf. Im oberen Teil haben gläubige Menschen eine grottenartige Nische eingearbeitet und eine Madonnenfigur hineingestellt und auf dem dachähnlichen Fels ein Kreuz angebracht. Der Ort wird die „Bildcheslay" genannt und diente früher als Steinbruch. Um den Einstieg in den Felsenpfad (33) nach links zu finden, müssen wir genau aufpassen. Die Passage führt unmittelbar unterhalb der Felswand entlang und ist deutlich markiert. Gefahrenstellen sind außerdem durch Geländer gesichert. Bei feuchter Witterung muss man ein wenig aufpassen, wo man hin tritt. Gut 20 Minuten sind wir auf schmalem Pfad durch die grandiose Kulisse der „Oossenlaai" gelaufen, als wir ein kleines, offenes Plateau erreichen. Hier heißt es aufgepasst! Wir wählen den Pfad halb rechts am oberen Hangsaum (Ausschilderung 33 beachten). Unser nächstes Ziel ist die „Wolfsschluff", eine schmale Passage mitten durch einen massigen Felsbrocken. Ein paar Meter weiter machen wir eine seltsame Entdeckung. Eine mächtige Felsplatte am Weg, im Volksmund „Ritschlay" genannt, weist zwei eigenartige Gleitfurchen auf, die deutlich von Menschenhand stammen. Ähnliche Spuren findet man auch im Prümtal und auf Luxemburger Gebiet in der Nähe von Consdorf. Woher sie stammen, ist bis heute nicht exakt geklärt. Die naheliegendste Theorie vertritt Dr. Ernest Schneider in seinem1939 erschienen Buch *Material zu einer archäologischen Felskunde des Luxemburger Landes*. Danach könnte es sich bei diesen Vertiefungen um Schmelzausläufe aus Lehmöfen handeln, in denen in vorchristlicher Zeit Bronze hergestellt wurde. Die Lage am Plateaurand erhärtet die These, denn in der Laténe-Zeit nutzten die Bronzehersteller die dort auftretenden Luftströme, um die Holzkohleglut in ihren aus Lehm gebauten „Windöfen" zu unterhalten. Ist der Schmelzvorgang beendet, öffnet man den Ofen und lässt die flüssige Bronze durch Rinnen in vorgefertigte Hohlformen fließen. Die Tatsache, dass sich innerhalb und beiderseits der steinernen Rinnen, wie auf den übrigen Steinpartien üblich, weder Moose noch Flechten ansiedeln, lässt diesen Schluss (nach Überzeugung d. Verf.) durchaus zu. Aus der Bauchemie ist bekannt, dass Kupfersulfat ein gängiges Mittel ist, um Moos- und Algenbildung auf Mauern und Dächern zu verhindern. Die Vorstel-

Steinbrucharbeiter baten einst an der Bildcheslay um den Beistand der Gottesmutter bei ihrer gefährlichen Arbeit

Kiesgräber – antike Bestattungsstätte im Wald

lung, mitten in einer antiken Werkstatt zu stehen, gefällt uns.
Weiter geht es am aufgelassenen Steinbruch vorbei, wo noch immer mächtige Sandsteinblöcke auf den Abtransport warten. Im 19. Jahrhundert besteht eine rege Nachfrage nach dem qualitativ hochwertigen Steinen aus Bollendorf. Sie werden z. B. für den Bau der Fassade der Nationalbank in Brüssel verwendet. Mangels geeigneter Transportmittel, etwa der Eisenbahn, kommt die einst blühende Steinindustrie zum Erliegen.
Wir überqueren den asphaltierten Weg, der aus dem Tal von Bollendorf kommend in Serpentinen hinauf zum Waldsportplatz führt. Wir folgen der Ausschilderung „Fraubillenkreuz“ auf dem Felsenpfad (33). Unser nächstes Ziel ist die „Sonnenlay“, ein herrlicher Aussichtsfelsen hoch über dem Tal des Franzbachs. Nachdem wir uns aus dem Rucksack gestärkt haben, wandern wir weiter. Zunächst geht es bergab in ein kleines Tal und dann rechts hinauf durch den Fichtenwald zum „Fraubillenkreuz“.
Was hat man nicht alles über diesen alten Hinkelstein (Menhir) fabuliert. Plausibel scheint die Namensdeutung, die Arnold Metzen recherchiert hat. Der Flurname aus dem Jahr 1588 „Fra(w) Bil(len) - Creutz“ setzt sich aus dem gotischen* / keltischen *fra*: die Herrin [s. auch *fro / fron* (althochdeutsch): der Herr] und dem keltischen** *bhilo* = gut, freundlich [gehört zum indogermanischen Sprachstamm z. B. griechisch: *filos* oder irisch / gälisch: *bil* = gut (vergl. im Hoch-

deutschen: *billigen* = gut heißen, *billig* = geziemend, gut oder auch *Unbill* = Ungutes)]. Der Monolith könnte demnach frei übersetzt „Unserer lieben Frau" (franz.: notre dame) gewidmet gewesen sein. Das liegt durchaus nahe, denn ähnliche Monolithen, die vor allem im unteren Bereich typisch weibliche Formen mit einer stark ausgeprägten Vulva aufweisen (wie beim Fraubillenkreuz deutlich erkennbar), gibt es zahlreich in Europa und tragen ähnliche Namen. Sie sind Zeugen vergangener, mutterrechtlicher Gesellschaftsformen. Ein weiteres Indiz für diese Annahme ist eine stark verwitterte Ritzzeichnung über der Vertiefung am Fuß des Monolithen. Es handelt sich mit großer Wahrscheinlichkeit um die kultische Darstellung des Lebensbaumes, der aus dem Schoß der Frau (Mutter Erde) entsprießt. Das Kreuz und die kleinen Nischen (wahrscheinlich für die Aufnahme von Bildern) wurden vermutlich erst im 9. Jahrhundert im Rahmen der Christianisierung aus dem Stein gehauen.

Vom Fraubillenkreuz wandern wir nun in nördlicher Richtung auf dem breiten Weg (A) zur „Wikingerburg", jener künstlichen Verteidigungsanlage, die eingangs erwähnt wurde. Die bei den Grabungen der vergangen Jahre gefundenen Brandspuren und Artefakte belegen, dass an dieser Stelle schon während der Bronzezeit (12. / 11. Jh. v. Chr.) ein Wallkörper besteht. Dieser wird im Laufe der Geschichte immer wieder ergänzt und verstärkt. Der irreführende Name *Wikingerburg*, so ergibt die Recherche von Arnold Metzen, stammt sehr wahrscheinlich vom keltischen Ausdruck *ikobur* (keltisch: *ik* = stark und *bur* = Befestigungswall). Außer einem Haufen Steine ist von der einst mächtigen Schanze nicht mehr viel übriggeblieben. Deshalb folgen wir dem Wegweiser in Richtung „Schankweiler Klause".

Der Weg (A) führt an einem Hügelgräberfeld vorbei und nach zwei Kilometern taucht vor uns die barocke Wallfahrtskirche der „Mutter vom guten Rat" auf. Schon 1596 entsteht unweit der Kirche zwischen den Felsen die erste Einsiedelei. 1648 errichtet der Eremit Johann Seelmeyer aus dem Elsass ein Kapellchen. Nachdem der Zulauf der Bevölkerung immer größer wird, baut man von 1732 - 1734 eine größere Kapelle. Der Bau der heutigen Wallfahrtskirche erfolgt nach den Plänen des Tiroler Baumeisters Josef Dangel in den Jahren 1760 - 1762. Der Hochaltar enthält als Mittelpunkt des barocken Ensembles das Gnadenbild der Hl. Maria, das auf ein Original von Lukas Cranach dem Älteren zurückgeführt wird. Jahr für Jahr pilgern mehr als 10 000 Gläubige an diesen wundertätigen Ort, um ihre Fürsprache für die Sorgen und Probleme des Alltags zu erbitten. In der angebauten Klausnerei lebte noch bis 1934 der Bruder Alfons als letzter Eremit. Auch wer nicht unbedingt zu den Kirchgängern zählt, wird die wohltuende Atmosphäre dieses Ortes zu schätzen wissen.

Unweit der Gnadenkapelle schlummert seit mehr als 2000 Jahren ein Geheimnis in Form einer vorgeschichtlichen Ritzzeichnung im Fels. Diejenigen, die den ge-

Zeuge einer vergangenen, mutterrechtlichen Gesellschaft – das Fraubillenkreuz

nauen Ort kennen, werden ihn nicht verraten, um Vandalismus vorzubeugen. Es handelt sich dabei um die stark symbolisierte Abbildung einer Frau, die in der rechten Hand einen Grabstock (Hacke) trägt. Experten ordnen diese Symbolik eindeutig einer mutterrechtlichen Gesellschaft (Matriarchat) zu. Gibt uns dieses „Hackmütterchen" (Metzen) einen Hinweis auf die Bewohner des Plateaus vor der Kelteninvasion? Steht die Gnadenkapelle an einem schon immer heiligen Ort und besteht eine Verbindung zum „Fraubillenkreuz"?

Nachdenklich verlassen wir den eindrucksvollen Ort. Ein kurzes Stück bleiben wir auf dem Fahrweg nach Süden, um nach wenigen Metern wieder rechts dem Wegweiser Richtung „Fraubillenkreuz" (7) zu folgen. Von dort geht es auf dem breiten Fahrweg bis zum nächsten Wegekreuz. Hier marschieren wir geradeaus(9). Nach etwa 400 Metern machen wir einen Abstecher zu der Ausschilderung „Druidenstein" nach rechts. Beim sogenannten „Druidenstein" handelt es sich vermutlich um einen Monolithen aus den Tagen der Altsteinzeit. Vielleicht diente er den frühen Plateaubewohnern als Grenzstein (Eckstein). Er wird auch als Gerichtsstein bezeichnet. Bei genauer Betrachtung und richtigem Licht erkennt man zwischen allerlei Graffiti aus neuerer Zeit seltsame, an germanische Runen erinnernde geheimnisvolle Schriftzeichen, deren Bedeutung bis heute völlig unbekannt ist. Möglicherweise handelt es sich um die Geheimschrift keltischer Druiden – Männer, aber auch Frauen (!) –, die nach einer langjährigen wissenschaftlichen Ausbildung sowohl in Fragen des Rechts als auch der Medizin großes Ansehen bei der Bevölkerung genossen.

Nach dem Abstecher zum Druidenstein geht es wieder zurück zum Wanderweg (9) nach rechts in nordöstlicher Richtung, am Neudiesburger Hof vorbei bis zur nächsten Wegekreuzung. Ein Abstecher nach links führt uns nach wenigen Metern zu den sogenannten „Kiesgräbern". Einige aus dem Boden ragende Sandsteinfelsen sind von Menschenhand mit Werkzeugen geglättet wurden und weisen rechteckige Eintiefungen von ca. 20 cm auf. Es handelt sich dabei um einen alten Bestattungsplatz aus der Urnenfelder Kultur (ca. 1200 - 800 v. Ch.). Die Römer „reaktivierten" diese Gräber wieder mit der ergänzenden Besonderheit, eine tonnenförmige bzw. spitzgiebelige Haube darüber zu setzen. So werden die Überreste der lieben Verstorbenen wenigstens nicht nass. Und genau dieser Besonderheit haben die „Kiesgräber" ihren Namen zu verdanken. So, wie sich heute vor unseren staunenden Augen die mit Wasser gefüllten Löcher im Felsen präsentieren, sahen dies auch seinerzeit die keltischen Vorfahren, die diesen Ort als besonders empfunden haben. Das alte keltische Wort *kis(s)* steht für „Moor, Sumpf, stehendes Wasser", also das wässerig-modrige Element, das heute noch in Ortsnamen wie Kissingen oder Kisselbach zu finden ist (Metzen). Andere Namensdeutungen, etwa die Assoziation zum moselfränkischen Wort „Kis", was soviel wie „Käse" bedeutet (weil der Anblick an Löcher im Käse erinnert), sind nicht weiter ernst zu nehmen.

Frau mit Hackstock – mutterrechtliches Symbol aus vorkeltischer Zeit

Wir marschieren zurück zur Kreuzung und folgen geradeaus dem Eifelvereinswanderweg nach Westen Richtung Bollendorf. Warum die Felsformation am Wege „Artistenplatz" genannt wird, weiß eigentlich niemand so ganz genau. Die Römer, die weiter unten im Tal lieber den schönen Blick auf die Sauer genießen, anstatt hier oben irgendwelchen Zirkusvergnügungen oder Sportwettkämpfen beizuwohnen, sind sicher nicht für die Namensgebung verantwortlich. Oder vielleicht doch? Ist dieser Ort möglicherweise der Jagdgöttin *Artemis* geweiht? Vielleicht ist das eine Frage, die noch der Beantwortung bedarf.

Wir halten uns hinter dem Fischteich rechts (31) und erreichen 20 Minuten später wieder den Kneipp-Brunnen. Wer Lust hat, darf sich nun in dem herrlichen Nass die müden Beine erfrischen, bevor es wieder zum Ausgangspunkt unserer Tour zurück geht.

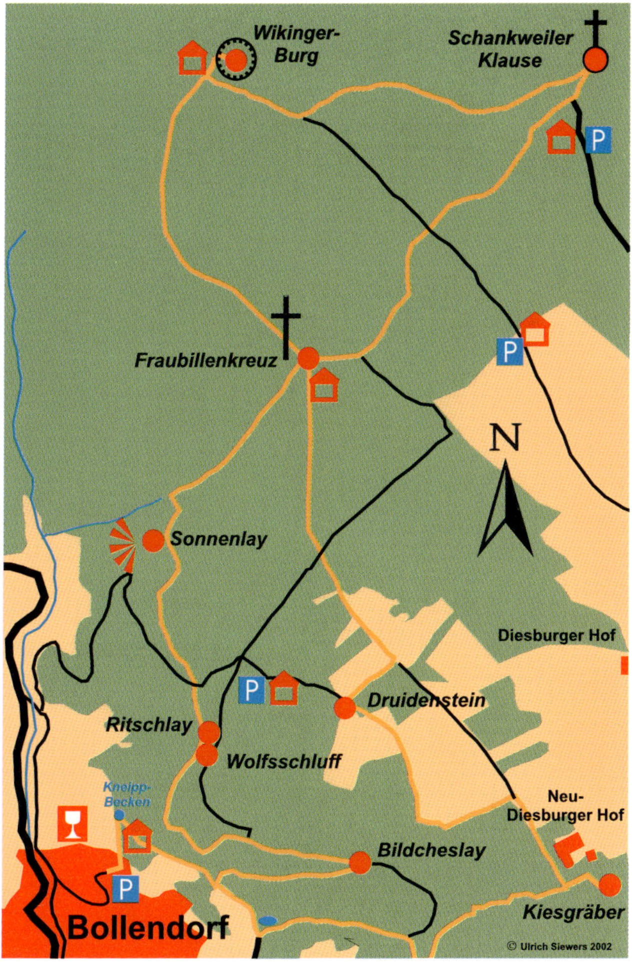

Start / Ziel: Parkplatz oberhalb der Jugendherberge / Hotel Ritschlay (Bollendorf)

Distanz: 18 Kilometer (Ganztagestour!)

Schwierigkeitsgrad: leicht

Besonderheiten: Rucksackverpflegung erforderlich

Blick ins Tal der Schwarzen Ernz vom Adlerhorst

Adlerhorst und Räuberhöhle

Felsenabenteuer in der Luxemburger Schweiz

Das Berdorfer Plateau wird im Westen durch das Tal der Schwarzen Ernz, im Nordwesten, Norden und Nordosten durch das Tal der Sauer und im Südosten durch den Lauterborner Grund eingegrenzt. Die Hochfläche rund um die beiden Ortschaften Berdorf und Consdorf wird seit der Jungsteinzeit überwiegend landwirtschaftlich genutzt. Die steil abfallenden Felswände machen das Plateau über lange Zeit zu einer fast uneinnehmbaren natürlichen Festung. Die bizarren Felsentürme, die zahllosen Spalten und Klüfte (Schlüffe), Schluchten und Höhlen am Rand des Plateaus bieten zusätzlich Verstecke und Schlupfwinkel für alle, die dringend Schutz benötigen.

Das sind heute besonders die Tag- und Nachtgreifvögel wie Falken und Eulen. Aber auch verschiedene Fledermausarten, Reptilien und Insekten finden in den oft schwer zugänglichen Felswänden Rückzugsgebiete - vorausgesetzt, die Freizeitaktivitäten der modernen Menschen lassen ihnen eine Chance dazu.

Die dichte Kronendecke der Bäume in den Tälern und Schluchten erzeugt dauernden Schatten und schafft zusammen mit den vielen kleinen Quellbächen und Rinnsalen eine konstant hohe Luftfeuchtigkeit. Das so entstehende Mikroklima unterliegt dadurch nur geringen Temperaturschwankungen zwischen Winter und Sommer. Moose, Flechten, Farne und andere schattenliebende Gewächse, die an den Felswänden leben, finden ideale Lebensbedingungen. Erstaunlicherweise ist es die sonst eher anspruchsvolle Rotbuche, die es geschafft hat, hier an den Hängen des Berdorfer Plateaus zu überleben. Ein wesentliches Ziel des Deutsch-Luxemburgischen Naturparks besteht darin, diesen naturnahen Waldbestand zu bewahren.

Leicht wird dieses Vorhaben nicht immer gemacht. Die Region lebt vom Tourismus. Das mittlere Tal der Schwarzen Ernz, das Müllertal, gehört zu den beliebtesten Ausflugszielen der Region. Täglich spucken die Busse Schulklassen, Kegelclubs und andere Weltenbummler aus, um die Naturschönheiten im Sauseschritt zu konsumieren. Die zahllosen Inschriften auf den Wänden der Mühlsteinhöhlen und in den Rinden der Bäume in ihrer Umgebung wissen von ihrer Präsenz zu berichten.

Auch über den Baumwipfeln droht Gefahr. Sportkletterer von nah und fern zieht es magisch in die Felsen. Den negativen Auswirkungen dieses an und für sich schönen Sports versucht die örtliche Verwaltung seit Jahren vergeblich Herr zu werden. Der hier einst heimische Wanderfalke hat schon lange sein Revier verlassen. Seine Lieblingsbeute, die Felsen- oder Hohltaube, hat der Mensch domestiziert und kommt in freier Natur kaum noch vor. Abgesehen von den Störungen der Tiere beim Brutgeschäft sorgen immer wieder Trittschäden und die dadurch ausgelöste Erosion für dramatische Zustände der Baumwurzeln am empfindlichen Hangfuß. Entwurzelte und abgestorbene Bäume sind die Folgen.

Eldorado für Sportkletterer

Naturschutz und Tourismus müssen aber einander nicht ausschließen. Wir wollen da mit gutem Beispiel voran gehen. Wir beginnen

unsere Felsenwanderung auf dem Parkplatz am Hallenbad von Berdorf, gleich gegenüber vom freundlichen Campingplatzcafé am „Martboesch". Hinter dem Sportplatz geht es rechts in nordöstlicher Richtung auf den Wanderweg. Schon bald haben wir von einem der Felsvorsprünge einen schönen Ausblick auf das Tal der Sauer bei Grundhof. Links klettern wir dann hinunter in die „Wantenbachschlucht". Es handelt sich um eine sogenannte „Kesselschlucht", die im oberen Teil sehr eng ist, sich dann ausweitet und am Ausgang wieder eng ist. Der Wantenbach weist noch eine Besonderheit auf: Nach starken Regenfällen verwandelt sich das Rinnsal schnell in einen Sturzbach, der dann über Kaskaden ins Ernztal hinunterrauscht.
Nach diesem kurzen Abstecher wandern wir weiter nach Nordosten bis wir offenes Feld erreichen. Am Waldrand marschieren wir weiter, bis wir auf einen quer verlaufenden breiten Asphaltweg stoßen. Nur wenige Meter folgen wir ihm nach links, um gleich wieder nach rechts auf einen schmalen Pfad zu schwenken. Wir stoßen kurz darauf auf den quer verlaufenden Felsenweg (F 1 weiß auf blauem Grund). Links geht es nun in nördlicher Richtung am steilen Hang weiter. Unten im Tal liegt Bollendorf. Von dort kommen gerne Wanderer über den sogenannten Treppenpfad herauf - eine schweißtreibende Angelegenheit, um auf knapp 1000 Meter fast 200 Höhenmeter zu gewinnen! Der schmale Pfad führt uns mal hoch und mal runter am Felsen entlang nun nach Westen zur „Kalekapp". Hier bewährt sich der mitgeführte Wanderstock. Immer wieder herrliche Ausblicke ins Tal der Sauer und auf die grandiosen Felspartien auf deutscher Seite. Nach einer Weile queren wir den Fahrweg und weiter geht es durch das Halbdunkel des Buchenwaldes. Es kann schon einmal passieren, dass ein umgestürzter Baumriese den Pfad versperrt. Dann heißt es, vorsichtig drüber oder drunter durch. Trotzdem bereitet der Weg keine Probleme. Schwierige Passagen werden über Stufen geführt. Nur bei feuchter Witterung muss man höllisch aufpassen. Vielleicht ist das der Grund, warum die Figur der Gottesmutter (Vierge) am Wegrand aufgestellt wurde.
Ein Glanzpunkt unserer Tour ist „Kasselt", eine Felsformation, die einem Festungsturm gleich kommt. Die Sicht von hier oben auf das Sauertal ist die Mühe des Aufstiegs unbedingt wert! Hier machen wir unsere Picknickpause.
Mit neuer Energie versorgt, nähern wir uns schon bald einer weiteren Hauptattraktion unserer Wanderung, den Felsspalten der „Sieweschloeff" (Sieben Spalten). Sie sind das Resultat von Brüchen im sandigen Sediment, die vor 65 Millionen Jahren stattgefunden haben. Sie verlaufen in verschiedene Richtungen und bilden so ein natürliches Labyrinth. Im Sommer ist es in diesen Spalten immer sehr kühl. Hellgrüne Moose an den Wänden verraten die hohe Luftfeuchtigkeit. Das Mikroklima in den Klüften, verbunden mit dem erschwerten Zugang, ermöglicht einigen sehr seltenen Tieren und Pflanzen das Überleben (integral geschützte Standorte).

Die engen Felsengänge gleichen einem Labyrinth

Durch die wildromatische Ruelzbachschlucht geht es nach Berdorf

Dann klettern wir auf abenteuerlichem Weg hinauf zum „Adlerhorst". Hier oben auf der Hochfläche dominiert die Kiefer. Einige der Kieferpopulationen auf den Felsvorsprüngen sind nachweislich Relikte der letzten Eiszeit. Den beliebten Aussichtspunkt (der Sandstein ist übersäht von eingravierten Namen, die oft mit Herzen umrahmt sind) erreichen wir über eine schmale Metallbrücke. Die Aussicht hinunter ins Tal der Schwarzen Ernz ist überwältigend.
Über die Brücke zurück geht es nach rechts weiter. Hier erwartet uns die Hauptattraktion des Tages. Der abenteuerliche, über 15 Meter tiefe und dunkle Abstieg mittels einer Metalleiter in die „Räuberhöhle" (Raiberhiel). Unten im dunklen Loch geht es im Kriechgang durch einen stockfinsteren Tunnel zum Aus-

gang. Der Sage nach haben hier tatsächlich einmal Räuber gehaust. Wem dieser Weg zu mühevoll oder zu gefährlich scheint, hat zwei weitere Varianten zur Auswahl. Entweder geht es über den Treppenweg nach rechts an den Felsen entlang zurück zum Wanderweg oder, ebenfalls mit einem Abenteuer verbunden, gleich hinter dem gepflegten Aussichtspunkt auf dem „Ruelzbachfelsen“ durch eine enge Spalte und über eine Eisentreppe hinunter in die „Ruelzbachschlucht“.
Diese Schlucht gleicht einer Naturbühne, wie geschaffen für eine Karl-May-Aufführung. Am Ruelzbach wandern wir bequem durch die Schlucht. An deren Ende queren wir den Bach nach links und erreichen bald darauf einen befestigten Weg. Diesem folgen wir nach rechts und wenige Minuten später erreichen wir den Ausgangspunkt unseres Felsenabenteuers. Hier besteht auch die Möglichkeit zur Einkehr.

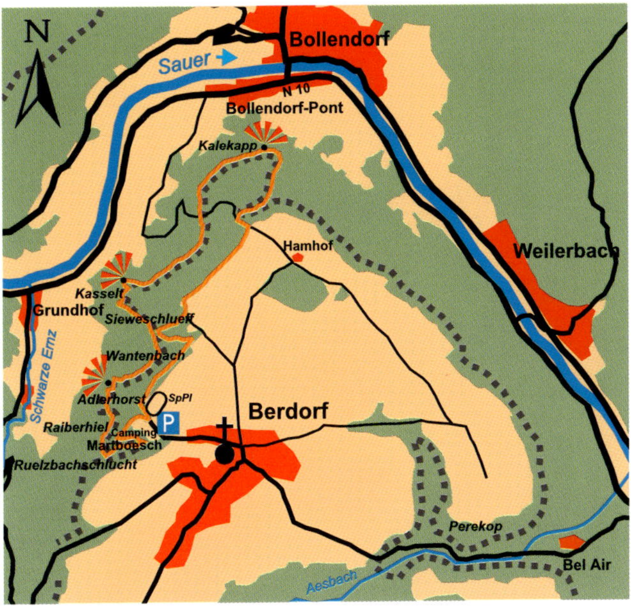

Start / Ziel: Parkplatz am Campingplatz „Martboesch“

Distanz: 9 Kilometer (6 – 7 Stunden sollten dennoch eingeplant werden)

Schwierigkeitsgrad: Ein wenig Kondition erforderlich (viele Stufen)

Auf der Lingelslay – Bollendorf und Sauertal liegt zu unseren Füßen

Durch die Grüne Hölle zu himmlischen Aussichten

Naturerlebnisse am Rand des Wallendorfer Plateaus

Wie kaum in einem anderen Teil der Eifel begünstigt das milde Klima die Entfaltung einer üppigen Flora im Tal der Sauer. Schon im Februar sprießen die ersten Frühlingsboten an den sonnigen Südwesthängen bei Bollendorf. Gegen Mittag erreichen die Temperaturen in windgeschützten Winkeln bereits sommerliche Höhe. Wenn es nicht gerade schneit oder Gewitter das Vorankommen erschweren, ist hier das ganze Jahr über Wandersaison.

Der Parkplatz im Wald oberhalb des Hotels „Waldhotel Sonnenberg" in Bollendorf ist der ideale Ausgangspunkt für unsere Rundwanderung. Zunächst führt uns ein breiter Weg bergauf. An der ersten Kreuzung wandern wir geradeaus durch den Hohlweg bis zu der Stelle, wo wir an der Schutzhütte auf den Rundweg (D) stoßen. Die ersten Felstürme wachsen vor uns empor. Wir wandern nach rechts (39). Über Felsstufen geht es auf dem gut markierten Pfad durch das steinerne Labyrinth.

Durch die Stille des Buchenwaldes ertönt ein lauter Ruf. Das „krü - krü - krü" stammt vom Schwarzspecht, der hier häufig anzutreffen ist. Das Stakkato seiner geräuschvollen Schnabelhiebe klingt fast wie die Salve aus einem Maschinengewehr. Der scheue, krähengroße schwarze Vogel mit dem leuchtend roten Schopf bearbeitet bevorzugt die hohlen Stellen des Altholzes, um Käfer und Larven herauszupicken.
Der Pfad führt durch eine enge, verwinkelte Spalte im Fels. Am Ende muss man sich ein wenig bücken, um durch den kleinen Durchschlupf zu gelangen. Diese Passage wird im Volksmund „Grüne Hölle" genannt, vermutlich, weil die Felswände von grünen Algen, Moosen und Farnen bedeckt sind. Aus zahllosen kleinen, unsichtbaren Quellen tropft es ständig. Wie lange, braune Bärte hängen die abgestorbenen Reste der Pflanzen aus dem Vorjahr herab. Wen wundert es da, wenn sich um diese verwunschenen Naturkulissen geheimnisvolle Geschichten von Elfen, Dämonen, Teufeln und geheimnisvollen Frauen ranken und zahlreiche Plätze im Laufe der Jahre mit fantasievollen Namen belegt wurden.
An der einladenden Bank unter dem überhängenden Fels vorbei geht es weiter. Es bereitet pure Lust, durch die Felsformationen unter dem Kronendach der Buchen zu marschieren. Im morschen Rumpf einer umgefallenen Buche hat sich der Buntspecht eingenistet. Keck lugt ein Junges aus der kreisrunden Öffnung der Nisthöhle. Nach dem wiederholten Versuch, den kleinen Piepmatz zu fotografieren, müssen wir passen. Die kleinste Bewegung, und sei es der Finger am Auslöser, und der Jungvogel geht blitzartig „auf Tauchstation". Der nächste Felsturm, den wir passieren, wird „Nikolauslay" genannt. Dann geht es wieder durch einen kühlen, engen Durchlass im Gestein. Die Fährten im feuchten Untergrund verraten, dass auch Wildschweine und Rehwild diesen Pfad durch den so genannten „Eulenhorst" zu schätzen wissen (der laut Wanderkarte ganz woan-

Hier wohnt Familie Buntspecht

Algen, Moose und Farne schmücken die Felswände im Innern der „Grünen Hölle“

Auf der Kreuzlay tragen wir uns ins Gipfelbuch ein

ders liegt). In der Mitte teilt sich der Fels in zwei Spalten. Beide sind für die Passage geeignet.

An der „Heidenlay" besteht für Kurzwanderer die Möglichkeit, nach rechts hinab und auf dem tiefer gelegenen Weg zurückzuwandern (Rundweg von 3 Kilometern). Wir streben dem nächsten Höhepunkt unserer Tour zu, der Aussichtsplattform auf der „Kreuzlay". Von hier haben wir einen herrlichen Blick auf das untere Sauertal und auf Echternach mit seiner berühmten Abteikirche. Nachdem wir uns im Gipfelbuch eingetragen und dabei unseren Dank an die Verantwortlichen für den vorbildlich gepflegten Wanderweg ausgedrückt haben, geht es weiter.

Am Fuß des Felsens können wir uns entscheiden. Entweder wandern wir noch ein Stück weiter auf dem Rundweg (D) nach rechts und nehmen dann nach etwa einem Kilometer den Verbindungsweg (3) nach links zur wildromantischen Tiefenbach-Schlucht. Oder wir wählen die kürzere Variante geradeaus auf dem Verbindungsweg (2) zum „Maria-Theresien-Stein". Beide Varianten münden später wieder auf den Rundweg (D).

Wir haben uns für die kürzere Variante entschieden und queren das Hochplateau auf dem sandigen Weg durch den Kiefernwald. Mitten auf einer markanten Wegekreuzung steht der alte Grenzstein, der die früheren Territorien der Grafschaft Vianden und der Abtei Echternach markiert. Von 1714 - 1795 gehörte Luxemburg zu Österreich. Deshalb trägt der Stein auf der Bollendorfer Seite den österreichischen Adler (Maria Theresia) unter der Jahreszahl 1772.

Relikt aus der Feudalzeit – Maria-Theresien-Stein

Wir setzen unsere Tour geradeaus auf dem Weg (2) fort. Unser nächstes Ziel, der „Predigtstuhl", ist von hier ausgeschildert. Er führt uns in ein von hohen Felsen begrenztes Tal, das als Kulisse für jeden Karl-May-Film bestens geeignet ist. Die Felsformen unterscheiden sich deutlich von denen, die wir zuvor gesehen haben. Das hängt wahrscheinlich mit den unterschiedlichen Erosionsgraden zusammen. Am Talausgang stoßen wir wieder auf den Rundweg (D), dessen Markierung wir nun nach links in südlicher Richtung folgen. Durch die steile Felswand zu unserer Linken klettern wir über Stufen hinauf zum „Predigtstuhl", einer natürlichen Aussichtsplattform. Unter uns liegt das luxemburgische Dillingen (mit seinem weniger hübschen Campingplatz) und dahinter die nördlichen Ausläufer des Plateaus von Beaufort. Eine hölzerne Bank lädt zu einer kleinen Pause ein. Die Butterbrote aus dem Rucksack schmecken köstlich. Dann steigen wir wieder hinunter auf den Wanderweg und weiter geht es auf dem schmalen Pfad zur „Muhmenlay".
Der Begriff „Muhme" lässt angesichts der geheimnisvollen Frühgeschichte der Region auf uralte kultische Hintergründe schließen. Muhme, Muome, Mumme kann sowohl Verwandte, Tante (ursprünglich Mutterschwester) oder Cousine bedeuten. Muhme wird aber auch mit Begriffen wie Hexe (Roggenmuhme, Rokkenmuhme), Schlange (Goethe) oder als die Älteste der drei Moiren (Parzen, Nornen, Matronae etc.) gleich gesetzt. Die Muhmenlay entpuppt sich als ein kleines, durch Felswände umgebenes Plateau mit einer gemütlichen Bank. Ob hier in grauer Vorzeit Frauen ihren „Mummenschanz" trieben - wer weiß?
Wir befinden uns nun auf der Wetterseite des Wallendorfer Plateaus. Die Vegetation mutet fast tropisch in ihrer Üppigkeit an. Moose, Farne, Ilex und viele andere Pflanzen haben hier auf den Felswänden ihren Lebensraum. Überall im Unterholz raschelt es. Waldmäuse, Eidechsen und Blindschleichen haben hier reichlich Nahrung und Versteckmöglichkeiten. Auf sie hat es der Bussard abgesehen, der im Aufwind der Mittagssonne seine Kreise über uns zieht. Gleichzeitig findet hier ständig ein Kampf auf Leben und Tod statt, der nichts mit Jägern und Gejagten zu tun hat. Buche und Bergahorn drängen nach Platz und Licht. Wer am schnellsten wächst, hat gewonnen. Mal gewinnt die eine, mal der andere.

Wind und Wetter schaffen eigene Erosionsbilder im Fels

An der Südspitze des Plateaus angekommen, überqueren wir den breiten Holzabfuhrweg und wandern in nordöstlicher Richtung unserem letzten Höhepunkt der Tour entgegen, der „Lingelslay". Der Pfad führt durch den stand-

orttypischen Hainsimsen-Buchenwald, der sich auf den Schutthängen unterhalb der Felsenwand angesiedelt hat. Die Erosion im gelbschimmernden Sandstein ist hier deutlicher, als zuvor.
Noch einmal geht es durch ein Ilexwäldchen steil bergauf. Die Mühe lohnt sich. Durch eine kühle Felsspalte an der Versatzhöhle unter der Lingelslay vorbei erklimmen wir die steinerne Plattform. Das Panorama von hier oben ist unbeschreiblich schön. Über den Buchenwald hinweg schauen wir hinunter auf Bollendorf und das Tal der Sauer. Jedes Foto ist ein Postkartenmotiv! Wir genießen den Ort noch eine ganze Weile, bevor wir über die Treppe wieder hinunter Richtung Bollendorf absteigen.
Wenige Minuten später erreichen wir unseren Ausgangspunkt am Wandererparkplatz.

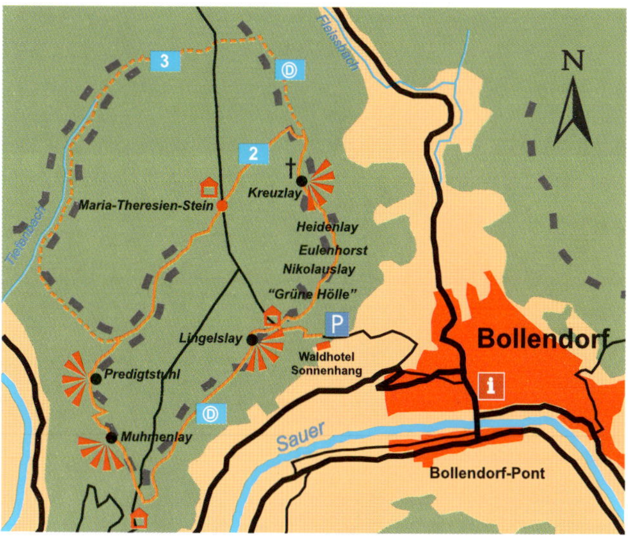

Start / Ziel: Parkplatz oberhalb des „Waldhotel Sonnenberg" in Bollendorf

Distanz: 8 (10) Kilometer (einen ganzen Vormittag einplanen!)

Schwierigkeitsgrad: leicht

Besonderheiten: Rucksackverpflegung erforderlich

Ziel unserer Talwanderung – die Ruine von Schloss Beaufort

Durchs Paradies zur Folterkammer der Herren von Beaufort

Ein Naturabenteuer der Extraklasse

Ewig im Paradies leben zu dürfen, hat Gott dem Menschen versagt. Es zu durchwandern und für ein paar Stunden mit allen Sinnen zu genießen, ist uns in einem Seitental der Schwarzen Ernz in der „Kleinen Luxemburger Schweiz“ vergönnt. Vom Massentourismus des Müllertals verschont erwartet den Naturfreund eine ursprüngliche, wildromantische Tallandschaft, die einst typisch für Region war. Der Weg dort hin führt mit dem Auto von Bollendorf über die Sauerbrücke hinüber nach Luxemburg. Auf der Nationalstraße N 10 fahren wir nach rechts talaufwärts bis Grundhof. Dort biegen wir links ab Richtung Müllertal. Nach etwa einem Kilometer gabelt sich die Straße. Rechts geht es nach Beaufort. Nach etwa 100 Metern biegen wir links ab und parken so, dass wir die Zufahrt

Hinter jeder Wegbiegung ein neues Fotomotiv

Die korallenroten Fruchttrauben des Aaronstabes leuchten im Unterholz

zu dem vor uns liegenden (privaten) Schlösschen nicht blockieren.
Ganz in der Nähe, wo sich die Wasser des Hallerbachs mit der Schwarzen Ernz vereinigen, lag früher die Vogelsmühle (Vugelsmillen). Von der einstigen Bannmühle, wo die Berdorfer Bauern ihr Getreide mahlen lassen mussten, ist nichts mehr zu sehen. Lediglich eine Namenstafel am Straßenrand erinnert an die Vergangenheit.
Wir sind nach ein paar Metern auf dem breiten Fahrweg nach rechts auf den Wanderweg abgebogen, der ins Tal des Hallerbachs führt (H). Hinter den sattgrünen Weiden, auf denen beiderseits des natürlich mäandrierenden Gewässers rotbuntes Vieh grast, bilden mächtige, hochgewachsene Fichten eine eindrucksvolle Kulisse. Zunächst verläuft unser Wanderweg am Waldrand entlang. Hier blühen das ganze Jahr über seltene Blumen. Bereits lange vor dem Laubaustrieb locken die stark duftenden rosa Blüten des (übrigens sehr giftigen) Seidelbasts erste Insekten. In der Frühlingssonne leuchten überall unter den Hecken die gelben Blüten der Schlüsselblume. Im April gedeiht hier der Aaronstab, der auf

Im Reich der Wasseramsel: Nisthöhle direkt am Bach ...

Wasseramsel auf ihrem Landeplatz

ganz raffinierte Weise bestimmte Insekten zur Bestäubung animiert. Eher unscheinbar gefärbt, verführt er sie durch süßliche, aasähnliche Duftstoffe in seine vasenförmige Blüte, die sich für die Tiere als Gleitfalle entpuppt. Erst wenn sie mit reichlich Pollenstaub von den männlichen Blüten versehen wurden, gibt es ein Entkommen. Später, im Herbst, leuchten korallenrot die Fruchttrauben des Aaronstabs im Unterholz.

Wir laufen nun durch den Wald. Zu unserer Linken tost der Hallerbach über zahllose Felskaskaden zu Tal. Hinter jeder Wegbiegung bietet sich für den Fotografen aufs Neue ein beeindruckendes Bachmotiv. Ideal eignen sich zu diesem Zweck wegen des Sonnenlichteinfalls die Morgenstunden.

Doch was war das? Mit schnellen Flügelschlägen entflieht ein etwa starengroßer, dunkelbrauner Vogel den Bach aufwärts, dabei mehrfach "zrb, zrb" rufend. Auf einem aus dem Wasser ragenden Stein lässt er sich nieder und wippt erregt auf und nieder. Es ist eine Wasseramsel. Am hellen Brustlatz ist sie leicht von anderen Vögeln des Waldes zu unterscheiden. Weiße Kotkleckse am Landeplatz zeigen uns, dass sie dort schon öfter saß. Es ist ihr Revier, wo sie als einziger Singvogel, der schwimmen und tauchen kann, am Bachgrund nach Nahrung jagt. Wasserinsekten, Würmer, Schnecken und hin und wieder auch ein winziges Fischlein gehören zum Speiseplan. Den scheuen Vogel aus der Nähe zu beobachten oder gar ein Foto von ihm zu

„schießen", erfordert unendlich viel Geduld. Uns ist es nur auf große Distanz gelungen. Aber wir haben dennoch Glück. Unter einem Felsen, gleich neben einem umgestürzten Baumstamm, entdecken wir unmittelbar über dem Wasser die kreisrunde Öffnung einer Nisthöhle. Für jeden Naturfreund ist das ein stets eindrucksvolles Erlebnis.
Die Geräusche des tosenden Baches erfüllen das gesamte Tal. Der Wanderpfad kreuzt immer wieder den Bachlauf. Schwierigere Wegpassagen führen über natürliche Felstreppen und sind durch Geländer gesichert. Im kristallklaren Wasser beobachten wir zahlreiche kleine Bachforellen. Wer auf diesem Weg auf seine Uhr schaut, ist hier bestimmt fehl am Platz!
Der Weg heißt nicht umsonst „Naturerlebnispfad". Unterwegs erfahren wir auf großen Informationstafeln allerhand über die Natur, ihre Besonderheiten und was wir tun können, um sie zu bewahren. Wussten Sie schon, dass eine 100 Jahre alte Buche in einer Stunde 1,7 kg puren Sauerstoff produziert? Das reicht aus, um 64 Menschen damit zu versorgen. Außerdem verdunstet der Baum an Sonnentagen 400 Liter Wasser und filtert ganz nebenbei im Jahr 1 Tonne Staub aus der Luft.
Oft beeindruckt die wilde Natur am Wegrand, dann gleicht das Tal einer Parklandschaft. Man spürt, dass sich engagierte Bürger um die Pflege dieses Eindrucks kümmern. Saubere Bänke laden immer wieder zum Verweilen und zum stillen Naturgenuss ein. Ein kleines Paradies ist hier.
Über eine Stunde sind wir schon unterwegs, obwohl wir erst zwei Kilometer gelaufen sind. Das Tal weitet sich und wir erreichen eine kleine Lichtung mit einem Picknickplatz. Hier gabelt sich der Weg. Links geht es weiter am Hallerbach entlang zur Haller Mühle und der Ortschaft Haller.
Wir wandern weiter geradeaus Richtung Beaufort. Wir befinden uns nun im „Haupeschtal", das der gleichnamige Bach im Laufe der Erdgeschichte tief in den Sandstein des Plateaus von Beaufort geschnitten hat. Immer wieder reichen die Felswände auf beiden Seiten bis an den Bach heran und bilden eine wildromantische Schlucht. Immer wieder queren wir den Bach über hölzerne Stege. In den Kronen der alten Buchen über uns herrscht oft emsiges Treiben. Da wird geklopft und gehämmert, dass die Fetzen fliegen. Buntspechte sind gerade dabei, ihre Eigenheime einzurichten. Mit dem Fernglas beobachten wir ihr Treiben. Mit ein wenig Glück gelingt es uns, sie beim Füttern des Nachwuchses zu beobachten.
Dann taucht plötzlich vor uns die Schlossruine von Beaufort auf. Die beeindruckende Silhouette spiegelt sich im Wasser des Schlosstei-

Ungemütliches Mobiliar – Folterkammer im Schlosskeller

ches, der hier im Talgrund durch Aufstauung entstanden ist. Wieder bietet sich dem Fotobegeisterten ein lohnendes Motiv. Die alte Wassermühle, die hier früher gestanden hat, musste der Straße weichen, die heute das Tal quert. Es handelte sich dabei um eine sogenannte „Bannmühle“. Das bedeutet, dass die Bauern an diese Mühlen „gebunden“ waren, also nicht frei entscheiden konnten, wo und von wem sie ihr Getreide mahlen ließen.

Eigentlich handelt es sich um zwei Schlösser, die auf dem mächtigen Sandsteinfelsen am südlichen Ortsrand von Beaufort thronen. Das neuere Schloss im Renaissancestil ist bewohnt und kann nicht besichtigt werden. Das eigentliche „Schmuckstück“ ist die Ruine aus dem 12. Jahrhundert, die von April bis Oktober täglich von 9 - 18 Uhr gegen Eintritt von jährlich etwa 100 000 Besuchern „erobert“ wird. Die Burg wurde nicht etwa durch Kriegseinwirkungen zerstört. Irgendwann fanden es die Herrschaften von Beaufort einfach schicker, in einem Neubau zu leben, als in einer alten, im Winter schlecht beheizbaren Wehranlage. Sie zogen einfach in das neue Schloss und überließen das alte seinem Schicksal. Verschiedene Bauphasen lassen sich noch gut erkennen. In der Kernburg finden wir sowohl romanische als auch gotische Stilelemente. Interessant ist die Brunnennische in der Toranlage sowie Säulenreste der einstigen Schlosskapelle. Eine besondere Touristenattraktion befindet sich in der ehemaligen Wachstube. Allerlei Folterinstrumente erinnern an die finstere Zeit, als die Burgherren das Recht besaßen, mit brutalen Methoden Geständnisse zu erzwingen und über Leben oder Tod zu entscheiden. Damit haben die heutigen Schlossherren nichts mehr im Sinn.

Im Gegenteil sorgen sie mit einer besonderen Spezialität, die man im Foyer des Schlosses probieren und käuflich erwerben kann, für ein hochprozentiges Gaumenerlebnis ihrer Gäste. Der „Cassis de Beaufort“ ist ein „paradiesisch“ aromatischer Likör aus schwarzen Johannisbeeren, der mit kühlem Sekt oder Weißwein gemischt, Herz und Gemüt erfrischt und belebt.
So gestärkt und mit einer vollen Flasche im Rucksack treten wir den Rückweg an. Noch einmal erleben wir das Paradies aus einer anderen Talperspektive, die mindestens ebenso reizvoll ist, wie der Hinweg.

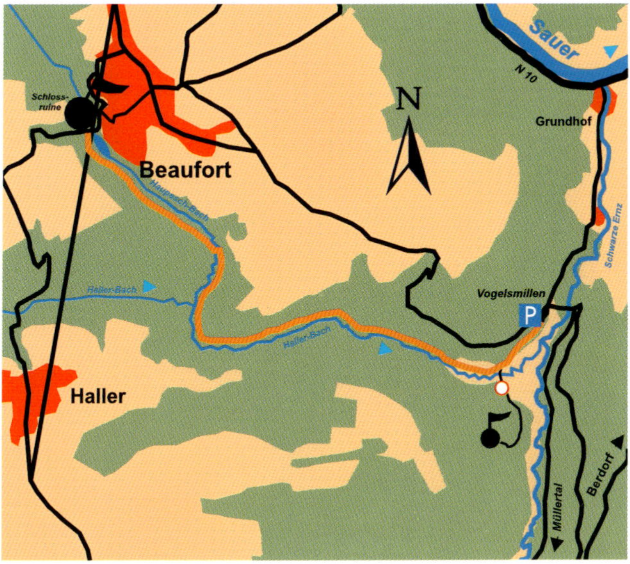

Start / Ziel: Zufahrtsweg zum kleinen Schloss bei der „Vogelsmillen“ (Vogelsmühle)

Distanz: 7 Kilometer (einen ganzen Vormittag einplanen!)

Schwierigkeitsgrad: leicht

Besonderheiten: Rucksackverpflegung erforderlich

Kapitel 2

Auf den Spuren der Kelten

Wenn Steine reden könnten

Wissenswertes

Sie selbst nennen sich Kelten. In ihrer Sprache bedeutet das „die Tapferen" oder „die Erhabenen". Niemand weiß ganz genau, woher sie ursprünglich stammen. Sie erscheinen ungefähr gegen Ende des 14. Jahrhunderts vor unserer Zeitrechnung in Mitteleuropa. Mit ihnen gelangen bisher unbekannte Sitten, Kultformen, Werkzeuge und Tonwaren in ein Siedlungsgebiet, das den Raum östlich des Rheines im heutigen Bayern und Böhmen bis hinein in den Mittelgebirgsraum und zum Harz erfasst sowie die Region westlich des Rheins von der Quelle bis zur Mündung des Stromes in den heutigen Niederlanden einschließt. Ein wesentliches Merkmal unterscheidet sie von der ursprünglichen Bevölkerung dieser Gebiete: Sie bestatten ihre Leichen nicht in Erdhügeln, sondern verbrennen sie. Die Asche der Toten sammeln sie in Urnen aus Ton, die sie auf Urnenfeldern beisetzen.
Die Kelten sind der Landbevölkerung, die sich durch Hackbau, Jagd und Fischfang ernährt, in jeder Beziehung überlegen. Ihre Kampflust, ihre Wildheit und ihre Bewaffnung machen sie scheinbar unbesiegbar. *"Sie bieten einen furchterregenden Anblick. Sie sind hochgewachsen, mit spielenden Muskeln unter weißer Haut. Ihr Haar ist nicht nur von Natur aus blond, sie bleichen es auch auf künstliche Weise, waschen es in Kalkwasser und kämmen es von der Stirn aus nach oben zurück. Daher ähneln sie den Waldteufeln."* beschreibt der griechische Geschichtsschreiber Diodorius Siculus dieses Barbarenvolk.
Die keltischen Eroberer bringen das Pferd aus den Steppen des Ostens nach Europa. Sie gelten als verwegene Reiter. Das Sterben bedeutet für sie nichts Schreckliches, denn sie glauben an ein Leben nach dem Tod. Obwohl sie voller Tatendrang stecken, als leicht erregbar und kriegsbesessen gelten, verfügen ihre Künstler über einen außergewöhnlichen Kunststil. Die keltischen Handwerker sind Meister der Metallverarbeitung. Sie kennen die Kunst des Bergbaus und die Herstellung von Eisen. Sie besitzen Wagen mit Speichenrädern und treiben Handel mit den Mittelmeerländern. Ihre Priesterkaste, die Druiden, verstehen die Geheimnisse der Medizin, der Sterne und vieler anderer Wissenschaften.
Schon bald sind die Kelten das mächtigste Volk in einem Gebiet, das sich in vorrömischer Zeit von den Pyrenäen bis zum Rhein, von Irland bis ans Schwarze Meer erstreckt. In den fruchtbaren Siedlungsgebieten der Kelten leben ungefähr 12 Millionen Einwohner in Einzelgehöften, Dörfern und stadtähnlichen Märkten, die auf Bergen liegen und befestigt sind.

Doch der Erfolg der Eroberer währt nicht auf Dauer. Im Gegensatz zu den Römern ist das Keltenreich in viele kleine Fürstentümer aufgeteilt, die sich oft genug gegenseitig bekämpfen. Immer wieder kommt es zu blutigen Fehden um Einfluss, Macht oder ganz einfach aus Rauflust. Die Fliehburgen auf den Bergkuppen dienen oft genug zum Schutz der Bevölkerung vor den eigenen Verwandten. Der Bau immer größerer Befestigungsanlagen und immer prunkvollerer Grabbauten für die keltischen Potentaten bindet Kapital und Menschenkraft. Hinzu kommt die mangelnde Fähigkeit, gemeinsam zu handeln. Die Disziplinlosigkeit im Kampf nutzt der kühle Militärstratege Gajus Julius Caesar. Unter seiner Führung gelingt es den in Disziplin geübten römischen Truppen, die Kelten zu besiegen. Nach der Schicksalsschlacht bei Alesia im heutigen Burgund zerfällt die keltische Welt.
Auf der Suche nach ihrer Spur werden wir in der Eifel ständig aufs neue fündig.

Nützliche Adressen:

Touristinformation Kelberg
Dauner Straße 22
D-53539 Kelberg
Tel. (02692) 872-18 · Fax (02692) 872-39

Touristinformation Daun
Leopoldstr. 5
D-54550 Daun
Tel.: (06592) 9513-0 · Fax (06592) 9513-20
E-mail: touristinfo@daun.de

Kurverwaltung Manderscheid
Grafenstrasse 21
D-54531 Manderscheid
Tel. (06572) 92 15-49 · Fax (06572) 92 15-51
E-mail: touristinfo.manderscheid@t-online.de

Im Schutz des Barsberges liegt das Eifeldörfchen Bongard.

Das Vermächtnis der Kelten

Auf Spurensuche rund um den Barsberg

Selbst altgediente Eifelwanderer können nur vage Antworten geben, wenn man sie nach der Keltenfestung auf dem Barsberg fragt. Wenige haben je den versteckten Pfad entdeckt, der auf die Vulkanhöhe nahe des Dörfchens Bongard führt. Dabei liegt hier oben in 600 Metern Höhe, abseits der üblichen Wanderrouten, eine der schönsten und besterhaltensten keltischen Ringwallanlagen der Eifel. Zahlreiche Hügelgräber im Wald nördlich des Barsberges lassen auf frühe menschliche Siedlungen in der unmittelbaren Umgebung schließen. Auch der Name des Dörfchens an seinem Osthang, Gelenberg, weist wahrscheinlich auf die keltische (gälische = gallische) Vorgeschichte hin. Wir dürfen auch vermuten, dass unsere keltischen Vorfahren im Bereich des Eisenberges, auf der gegenüberliegenden Talseite südlich von Bongard, die dort vorhandenen Erzvorkommen nutzten, um daraus Eisen zu erzeugen, das für die Weiterverarbeitung zu Werkzeugen und Waffen benötigt wurde.
Wir beginnen unsere Spurensuche am nordwestlichen Ortsrand von Kelberg, am

Ende der Bergstraße. Hier wandern wir zunächst dem örtlichen Rundwanderweg (5) nach Westen. Nach gut 1/2 Kilometer stoßen wir auf einen Querweg, dem wir nach rechts hinüber zum Waldrand folgen (7). Die Spuren am Wegesrand verraten uns etwas über die Waldbewohner. Im Ameisenhaufen herrscht zur Zeit höchste Aufregung. Es gilt, so schnell wie möglich die Spuren einer Katastrophe zu beseitigen. Zahlreiche Löcher im Hügelbau verraten, dass hier vor kurzem ein Specht erfolgreich Jagd auf Ameisenlarven gemacht hat. Ein Millionenheer von rotbraunen Ameisenarbeiterinnen sorgt nun dafür, dass die Zerstörungen in kürzester Zeit behoben werden. Andere Spuren verraten, dass hier Rotwild seinen Einstand hat. Große und kleine Trittsiegel am Rand einer Pfütze, die noch nicht mit Wasser gefüllt sind, lassen darauf schließen, dass wir nur knapp die Begegnung einer Hirschkuh mit ihrem Kalb verpasst haben. Vielleicht haben sie die Mountainbiker verscheucht, die uns eben überholt haben: Die Waldwege rund um Kelberg gelten für Geländeradsportler als Eldorado.
An der Wegegabelung haben wir den linken Abzweig gewählt und folgen nun dem leicht ansteigenden Weg mit der Markierung 10 / 7. Dort, wo der Weg im spitzen Winkel durch ein kleines Tal führt, entspringt ein kleines Bächlein. Im Talgrund entdecken wir morastige Feuchtstellen. Sie dienen dem Wild als Schlammsuhlen, um lästige Plagegeister wie Zecken und Hirschfliegen loszuwerden. Dazu wälzen sie sich im kühlen Morast und scheuern die getrocknete Schlammpackung anschließend wieder ab. Die blankgeschliffene Rinde an einigen Buchenstämmen zeugt von jahrelanger Nutzung.
Nachdem wir die Höhe erreicht haben, kreuzen sich zwei Wege. Wir halten uns rechts (10 / 7). Am Ahornwäldchen vorbei wandern wir über den Rasrück bis zu der markanten Fichtengruppe, wo wir wieder auf einen Querweg stoßen. Wir folgen ihm nach links (10 / 6) bis zur großen Wegespinne. Halbrechts taucht, knapp 100 Meter weiter, freies Feld auf. Wir sind am sogenannten Hochkreuz angelangt (560 m ü. NN).
Vor uns erhebt sich der Barsberg, ein markanter, von hohen Bäumen bedeckter Vulkankegel. Auf dem asphaltierten Wirtschaftsweg (nun wieder Markierung 5) wandern wir ihm entgegen, vorbei an der kleinen Sitzgruppe am Wasserhochbehälter. Wir durchqueren ein kleines Wäldchen und folgen dem Waldrand bis zum nächsten Querweg. Links erkennen wir bereits die ersten Häuser von Gelenberg. Wir marschieren aber zunächst wieder ein paar Meter in die entgegengesetzte Richtung. Am Ende des Fichtenwäldchens angekommen,

knickt der Wanderweg (5) nach links ab, überquert einen weiteren Weg und durch den niedrigen Mischwald geht es bis zur Straße, die Gelenberg mit dem Dörfchen Bodenbach verbindet. Nachdem wir auch diese überquert haben, weichen wir ein wenig vom Wanderweg ab.

Direkt am Waldrand verläuft ein Feldweg etwa 100 Meter hinunter bis an die Stelle, wo eine Schneise nach rechts in den Fichtenbestand führt. Ein oftmals sumpfiger, mit Riedgras und Binsen bedeckter Pfad (ohne Markierung) führt uns quer durch ein kleines Biotop. Im September leuchten rote Fliegenpilze im herbstbunten Unterholz. Wie kleine Kampfhubschrauber jagen Libellen im Flug nach allerlei Insekten. Rote Waldameisen und buntglänzende Käfer krabbeln zu unseren Füßen und bunte Schmetterlinge gaukeln durch die Luft. Wildtaube und Buntspecht sind hier ebenso zuhause wie Fuchs und Feldhase. Man muss lediglich hinhören oder hinschauen, um ihre Anwesenheit wahrzunehmen. Und wenn wir uns leise bewegen und ein wenig Glück haben, treffen wir an dieser Stelle mit großer Wahrscheinlichkeit Rehwild, das wir aber auf keinen Fall vergrämen wollen.

Spechtschmiede am Wegesrand

Nach der Begegnung mit der Fauna und Flora stoßen wir nach ein paar hundert Metern wieder auf den Wanderweg (5), dem wir jetzt nach links in Richtung Barsberg folgen. Auch hier lohnt es, die Augen aufzuhalten. Bei den deutlich erkennbaren Erdhügeln rechts und links vom Weg im dichten Fichtenbestand handelt es sich um vorgeschichtliche Hügelgräber, die allerdings schon vor langer Zeit von Grabräubern und Archäologen heimgesucht wurden. Man erzählt, dass beim Bau der Ferngasleitung durch dieses Gebiet erst vor wenigen Jahren noch wertvolle Funde gemacht wurden. Die Trasse dieser Gasleitung (erkennbar an den leuchtendgelben Metallpfosten) überqueren wir und laufen weiter auf den Barsberg zu.

Dort, wo der Weg einen Knick nach rechts macht, entdecken wir beim genauen Hinsehen das Schild „Naturschutzgebiet" im dichten Unterholz. Hier beginnt der kleine Pfad, der uns auf den Gipfel führt. Einen anderen Weg gibt es nicht. Schon von weitem fallen uns die eigenartigen Geröllhaufen rund um den Berggipfel auf. Bei genauerer Betrachtung stellen wir fest, wie gleichmäßig die Basaltbrocken verteilt sind. Das ist auch nicht weiter verwunderlich, denn sie waren einst Bestandteil einer besonderen Befestigungskonstruktion, einer sogenannten „Keltischen Mauer" (*murus gallicus:* S. Lust auf Natur, Bd. I, S.61). Wer genau

Gut erhalten sind die Mauerreste des äußeren Ringes am südlichen Rand des Gipfels

hinschaut, erkennt auch die Reste eines vorgelagerten Wallgrabens. Tatsächlich wurde hier auf dem Barsberg, wahrscheinlich um 500 v. Chr., eine Schutzburg errichtet, mit deren Hilfe sich die keltischen Bewohner der Umgebung gegen die immer wieder von Norden oder Osten angreifenden Germanenhorden verteidigen konnten. Nicht selten gibt es bei den rauflustigen Kelten auch allerlei Stammesfehden, vor denen die Familien der Krieger in den Schutz der Festungsmauern flüchten. Ihren Spuren folgend führt uns der Pfad durch das Tor zur Burg, erkennbar an der kleinen Lücke im Steinwall. Typisch für das Zugangstor ist dessen Bauweise. Es wurde stets nach links versetzt angelegt. Dadurch ist ein potenzieller Angreifer, der seinen Schild in der Regel links trägt, gezwungen, dem Verteidiger seine rechte, ungeschützte Seite darzubieten. Die Vielzahl der Steinblöcke ein paar Meter links vom früheren Tor fallen ins Auge. Möglicherweise gab es einmal an dieser Stelle eine Turmkonstruktion, denn von hier oben haben die keltischen Posten (und später möglicherweise die Römer) eine ständige Sichtverbindung mit anderen, vermutlich ähnlich konstruierten Verteidigungseinrichtungen z.B. auf der Hohen Acht, auf dem Nürburgkegel, auf dem Aremberg, nachweislich dem Hochkelberg und auf der Steineberger Ley gehabt. Mit Leucht- oder Rauchsignalen konnte man sich bereits vor über 2000 Jahren wichtige Informationen zusenden.

Wir befinden uns nun im Bereich des äußeren Hofes der Keltenburg. Natürlich gibt es zu keltischer Zeit noch nicht den heutigen Hochwald, der überwiegend von hohen Buchen und Bergulmen gebildet wird. Viele abgestorbene, über 200 Jahre alte Baumriesen voller Spechtlöcher entdecken wir in diesem kleinen Naturschutzgebiet,

Deutlich erkennbar der innere und der äußere Mauerring am früheren Südtor

dessen steiniger Boden hauptsächlich von Hainsimse bedeckt wird. Zahlreiche Fegespuren im Unterholz sowie freigelegte Bodenstellen, sogenannte Plätzstellen, verraten dem Naturfreund das Revier eines Rehbocks. Und der weithin hörbare klagende Ruf des Schwarzspechts verrät, wer das Sagen in den Baumkronen des Altholzes hat.

Der Name Barsberg bedeutet vermutlich, dass dieser Ort früher keinen Bewuchs kennt (althochdeutsch bar = kahl, nackt, ohne Bewuchs). Wenn wir dem kleinen Pfad durch hohes Gras und Brennnesselbüsche weiter nach rechts folgen, müssen wir uns die Bäume einfach wegdenken. Mit ein bisschen Phantasie werden aus den moosbedeckten Steinhalden meterdicke Mauern, bekränzt von hölzernen Palisaden. Dahinter reihen sich vermutlich kleine, strohgedeckte Holz- und Lehmfachwerkhütten, Viehställe und Pferche ringförmig um die innere Burg. Diese ist wiederum von einer steinernen Mauer umschlossen, die aus noch größeren Blöcken gebildet wird, als die äußere Befestigung. Auf dem Gipfel des Barsberges, den wir mühsam über umgestürzte Bäume kletternd auf dem schmalen Pfad erreichen, ragt eine mächtige Formation aus Säulenbasalt in den Eifelhimmel. Man nimmt an, dass sich auf dieser Felsengruppe einmal in vorrömischer Zeit ein Opferplatz befand. Als sicher gilt, dass die niedrige Grube, nur wenige Meter vom Gipfel, ein zugeschütteter Brunnen ist.

Auf der nördlichen Seite des Barsberges finden wir keine nennenswerten Mau-

erreste. Der steile, von Basaltgeröll bedeckte Hang bietet den Verteidigern natürlichen Schutz. Wir folgen dem kaum sichtbaren Pfad nun in südlicher Richtung bergab. Wieder stoßen wir auf den äußeren Mauerring und eine deutlich erkennbare Toröffnung, möglicherweise sogar Reste eines Doppeltors, das auf beiden Seiten durch hölzerne Wachtürme gesichert wird. Wir wandern nun in südlicher Richtung zwischen den hier sehr gut erkennbaren Mauerreihen der inneren und der äußeren Befestigung. Wir stellen fest, dass bei ihrem Bau kein Mörtel verwendet wird. Diese Bauweise verwenden die Kelten noch bis etwa 300 v. Chr. Die Funde, die gegen Ende des 19. Jahrhunderts auf dem Barsberg und in seiner unmittelbaren Umgebung gemacht werden, erhärten diese Vermutungen (Vgl. Hermann Bauer, Heimatjahrbuch 1964 für den Landkreis Ahrweiler). Wir gelangen erneut an die Stelle, wo wir die Burganlage zuerst betreten haben. Eine gute Stunde ist seitdem vergangen. Immerhin beträgt die geschätzte Länge des äußeren Ringwalls gut 600 Meter. Wir verlassen den geheimnisvollen Ort der Geschichte auf dem gleichen Wege, auf dem wir hinaufgestiegen sind.
Zurück auf dem Wanderweg, halten wir uns links. Vorbei am alten Forsthaus geht es hinunter in das kleine Örtchen Bongard. Im Talgrund folgen wir der Hauptstraße nach links bis zum Ortsausgang. Dort geht es noch ein paar Schritte entlang der Straße in Richtung Brück. Vor dem Bauernhof biegen wir nach links in den Feldweg ab (6). Wir befinden uns nun am Fuß des Eisenberges. An der Wegegabelung halten wir uns wieder links. Vorbei an dichten Haselnusshecken und üppigen Viehweiden folgen wir dem Bachlauf, bis wir an eine Wegekreuzung gelangen. Hier biegen wir nach rechts und gelangen auf dem Weg durch ein kleines Wiesental hinauf zum Waldrand. Dort wandern wir dem Verlauf des Waldrands folgend nach links in östlicher Richtung. Oft besteht der Weg nur aus einem schmalen, kaum erkennbaren Pirschpfad. Der Blick nach rechts über das weite Tal hinüber zum Barsberg ist für den Naturgenießer ein ganz besonderes Erlebnis. Auch die Chance, hier oben Wild zu begegnen, ist sehr groß, wenn man sich entsprechend verhält. Blumenfreunde begeistern sich besonders zwischen April und Juni beim Anblick der artenreichen Naturwiesen. Dort, wo der Waldrand nach links zum Tal hin abknickt, wandern wir nach rechts, die Schneise hinauf. Wir treffen auf einen quer verlaufenden Weg, dem wir nach rechts folgen.
Plötzlich öffnet sich der Wald. Was der Naturfreund hier zu sehen bekommt, ist nicht gerade ein harmonisches Landschaftserlebnis. Auf

dürren Betonstelzenbeinen harrt ein gigantisches Propellerpärchen, meist ohne Erfolg, auf ein laues Lüftchen, das alternativen Strom erzeugen soll. Diese Standbilder moderner Ökomanie verschandeln leider zunehmend die Landschaft unserer Mittelgebirge.
Wir sehen zu, dass wir diesen Ort verlassen und überqueren die Bundesstraße B 410 Kelberg - Gerolstein in südöstlicher Richtung. Wir folgen dem asphaltierten Wirtschaftsweg in Richtung des Dörfchens Boxberg. Auf halber Strecke lädt eine Bank zum Verweilen ein. Der Blick auf das Land hier im oberen Tal der Lieser stimmt ein wenig nachdenklich. Rechts unten im Tal, inmitten der Felder und Wiesen, lebten bis zur Mitte des 19. Jahrhunderts zahlreiche Bauernfamilien auf ihren Höfen. Missernten und die dadurch ausgelöste Hungersnot veranlassten sie, ihre Höfe aufzugeben und mit den wenigen Habseligkeiten, die ihnen verblieben, wegzuziehen. Viele Eifler Familien wanderten damals nach Amerika aus. An ihre Wohnstätten erinnern heute lediglich Flurbezeichnungen auf den Wanderkarten, die sämtlich mit den Begriff „Wüstung" verbunden sind.
Geblieben ist jedoch ein Ort, um dessen Ursprung sich Legenden ranken. Inmitten der Landschaft strahlt das Weiß der alten Kirche Hilgerath, die weithin sichtbar über dem oberen Liesertal thront. Möglicherweise wurde sie, wie viele andere Kirchen und Kapellen der Eifel, auf einem vorzeitlichen „Heiligen Ort" errichtet. Die exponierte Lage und das kulturelle (keltische) Umfeld lässt für den geschichtsinteressierten Eifelwanderer diese Vermutung zu.
Wir haben Boxberg erreicht. Vorbei an den unterschiedlichsten Vorstellungen vom „Wohnen im Landhausstil" geht es hinunter durchs Dorf. Kurz vor den letzten Häusern biegen wir nach links und weiter geht es durch die Feldflur nach Osten. Durch ein kleines Tal folgen wir dem Weg hinauf bis zur Bundesstraße. Ein kurzes Stück müssen wir auf der Straße nach rechts bis zum Parkplatz marschieren. Zwei Wege bieten sich hier an. Wir nehmen den linken (4). Durch dichten Wald wandern wir nun durch den „Suhrbüsch". Immer geradeaus führt uns der tief ausgefahrene alte Fuhrweg hinunter ins Tal bis zu einer Bank am Waldrand. Hier, am oberen Ende des sogenannten „Herrenseifen", hat man einen bezaubernden Blick auf Kelberg. Wer möchte, wandert jetzt einfach hinunter.
Wir entscheiden uns für den breiten Holzabfuhrweg nach links. Noch einmal geht es durch den prächtigen Buchenwald in nördlicher Richtung. Wo der Sturm Anfang der neunziger Jahre den Hochwald hinweggefegt hat, treffen wir auf die Landstraße, die von Kelberg nach Bongard führt. Ein kurzes Stück folgen wir ihr nach rechts bis zum Parkplatz. Die Sitzgruppe rund um den steinernen Tisch ist ein beliebter Rastplatz für Biker, die genau wie wir den herrlichen Panoramablick auf Kelberg und den Hochkelberg genießen.
Gleich unterhalb des Parkplatzes geht es bergab und zurück zum Ausgangspunkt unserer erfolgreichen Spurensuche in der ehemaligen Keltenheimat Eifel.

Auf den Spuren der Kelten

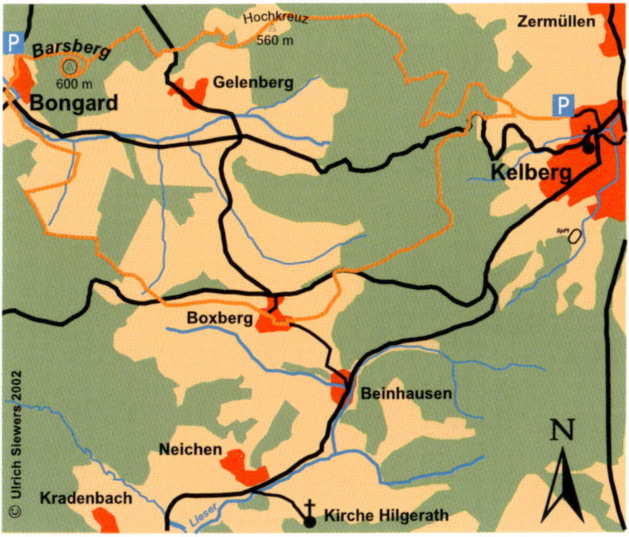

Start/ Ziel: Kelberg, Ende der Bergstraße

Distanz: 17 (15) Kilometer (Tagestour)

Schwierigkeitsgrad: leicht

Besonderheiten: Rucksackverpflegung empfohlen

Anfahrt:
aus dem Raum Ruhrgebiet / Köln / Aachen: Autobahn A 61 – Anschlussstelle Wehr / Nürburgring – Bundesstraße B 412 – Nürburgring – Müllenbach – Bundesstraße B 257 – Kelberg
oder: Autobahn A 1 – Autobahnende – Richtung Nürburgring / Cochem – Bundesstraße B 257 – Kelberg
aus dem Raum Koblenz /Süddeutschland / Saarland: Autobahn A 48 – Anschlussstelle /Nürburgring – B 257 – Kelberg

Information: Wanderkarte 1 : 25.000 Nr. 13 des Eifelvereins „Rund um den Hochkelberg“

Tipp: Unterkunft und kulinarisches Erlebnis bietet Kucher’s Landhotel in Darscheid (bei Daun)

Wahrscheinlich ein mittelalterlicher Brunnen, der immer noch auf einen Abnehmer wartet

Das Geheimnis der Mauer im Wald

Auf den Spuren frühgeschichtlicher Siedlungen im Kailbachtal

Mit ohrenbetäubendem Donnern gleiten im Minutentakt amerikanische Kampfjets knapp über die Wipfel des Überbüsch, einem weitläufigen Mischwaldgebiet nordwestlich von Landscheid. Die Nähe zur letzten Basis der Airforce im nahen Spangdahlem ist möglicherweise ein Grund dafür, warum dieser Teil der Eifel von vielen Wanderern gemieden wird. Doch kaum ist ab Samstagmittag der Flugbetrieb verstummt, hebt ein vielstimmiges Vogelkonzert an. Das Stakkato der Spechte im Altholz wird untermalt vom gurrenden Ruf der Ringeltauben und über den Baumwipfeln erschallt der Jagdruf des Bussards. Wir sind allerdings nicht wegen der Vögel hierher gekommen.

Das intensive Studium des verfügbaren Kartenmaterials hat uns auf die Spur eines geheimnisvollen Kulturdenkmals gebracht, der sogenannten „Burscheider

Mauer". Spärlich sind hierzu die Informationen in der Bibliothek und im Internet. Wertvolle Hinweise gibt der aus Spangdahlem stammende „Keltenfachmann" Arnold Metzen. Richtig „heiß" gemacht hat uns dann der Beitrag von Reiner Schindler im „Führer zu vor- und frühgeschichtlichen Denkmälern" (Band 33 „Südwestliche Eifel", Mainz 1977), den wir zufällig antiquarisch erstehen konnten. Sein Bericht über die Ausgrabungen in den Jahren 1967/68, der eine gut erhaltene vorchristliche Burganlage sowie Siedlungsreste aus dem 1. und 2. Jahrhundert am Ostufer des Kailbachs beschreibt, ergänzt durch die Abbildung einer sehr gut erhaltenen Trockenmauer (Typ *murus gallicus*), verursacht geradezu schlaflose Nächte. Mit den ersten Sonnenstrahlen im Februar machen wir uns auf den Weg, um diese Spuren der Eifler Geschichte näher zu verfolgen.
Diese Spurensuche haben wir gleich so gestaltet, dass daraus eine vergnügliche Familienwanderung wird. Ausgangspunkt ist der Wandererparkplatz am Rand der Straße von Landscheid zum Hof Hau (Ausschilderung am nördlichen Ortsende). Er liegt an einer markanten Wegekreuzung am höchsten Punkt des ausgedehnten Waldgebiets. Wir folgen der Wegemarkierung Bi 1 auf der wenig befahrenen Straße noch ein kurzes Stück in nordwestlicher Richtung hinunter in ein kleines Tal. Rechts der Straße liegt ein malerischer kleiner Waldsee. Er wird durch ein kristallklares Bächlein gespeist, dem sogenannten „Goldborn". Die nagende Kraft des Wassers hat im Laufe der Jahre den felsigen Untergrund freigelegt, rötlich bis gelbbraun gefärbten Buntsandstein aus dem Trias. Gold haben wir an seinen Ufern nicht gefunden, dafür aber ein hübsches Fotomotiv am kleinen Stausee.
Auf der anderen Straßenseite führt ein breiter Fahrweg hinunter ins Tal des Kailbachs (Bi 1). Dort erwartet uns ein Naturdenkmal ganz besonderer Art. Eine uralte Fichte hat in etwa fünf Metern Höhe gleich drei Triebe sprießen lassen, die jeder für sich bereits einen stattlichen Baum bilden. Gleich nebenan zeugt ein steinerner Bildstock von der angestammten Volksfrömmigkeit der Eifler. Die Einheimischen nennen es das „Schwärenkreuz". (Schwären bedeuten im örtlichen Dialekt soviel wie „Geschwüre") Die Darstellung der aus einem Sandsteinblock gehauenen Mater Dolorosa stammt wahrscheinlich aus dem 18. Jahrhundert. Drei eiserne Kreuze auf dem Bildstock vervollständigen das Ganze. Stünde dieser Ort nicht im Schlagschatten der Betonkonstruktion der neuen Autobahnbrücke, könnte man ihn idyllisch nennen.
Wir überqueren den Kailbach über die „Saubrück", eine massive steinerne Brücke, über die die Gransdorfer früher die Schweineherden

zur Mast in die Eichenwälder am anderen Ufer des Kailbaches trieben. Wir wandern am gegenüberliegenden Hang weiter in südlicher Richtung. An der nächsten Kreuzung geht es nach links hinunter zur Brandmühle (Brandenmühle) ins Tal, nach rechts über den Berg nach Gransdorf. Die wechselvolle Geschichte der alten Getreidemühle reicht bis ins 15. Jahrhundert zurück. Heute wird sie nur noch privat als Wohnhaus genutzt.

Wir laufen noch ein kurzes Stück weiter geradeaus bis zur nächsten Wegegabelung. Hier haben wir uns für den linken Abzweig entschieden und somit den markierten Wanderweg verlassen. Eine Entscheidung, die wir nicht bereuen müssen! Der Weg führt am Kailbach entlang, der hier ohne künstlichen Zwang sein eigenes Bett bauen darf. Steile, ausgewaschene Prallhänge und seichte Fließstellen mit rotleuchtenden Sandbänken bestimmen den Bachlauf. Umgestürzte Bäume bieten den räuberisch lebenden Bachforellen ideale Deckung. Auch der Eisvogel nutzt sie als Startplatz für seine jähen Sturzflugattacken unter Wasser. Und zwischen den kleinen Stromschnellen und Wasserhindernissen jagt die flinke Wasseramsel nach Schnecken und Wasserinsekten. Den Wiesengrund hat man in der letzten Zeit von den Fichtendickungen „befreit" und so Platz für naturnahe Pflanzengemeinschaften geschaffen. Zahlreiche Tiere finden so wieder ihre angestammten Lebensräume in den menschenarmen Eifeltälern. Wir respektieren ihre Freiheit und schauen still genießend mit dem Fernglas von weitem zu.

Kurz bevor der Weg die Auenlandschaft des Kailbachs erreicht, schwenkt er nach rechts hinauf in das Tal des Nachenbachs, das sich schließlich zu einer dunklen Schlucht verengt. Wir sind eine ganze Weile bergan gestiegen, bevor wir die Höhe erreicht haben. Der Wald öffnet sich. Wir erkennen den Außenbereich des Flugplatzes und hinter den Wiesen die Dächer und den Kirchturm von Binsfeld. Wir folgen dem befestigten Weg ein kurzes Stück am Waldrand entlang in südlicher Richtung. An der Waldspitze erwartet uns ein beeindruckendes Panorama. Zur besseren Orientierung hilft hier die Autokarte. Zahlreiche Kieswerke flankieren das Tal des Salmbachs. Dahinter erstreckt sich das Wittlicher Heckenland. Links liegen die Moselberge. Bei gutem Wetter erkennen wir am Horizont den lang gezogenen Rücken des Hochwalds und weiter links die Höhen des Idarwalds. Dazwischen liegt der mit 818 Metern höchste Gipfel des Hunsrücks, der Erbeskopf. Wen wundert es, dass dieser Anblick bereits in prähistorischen Zeiten die Menschen so fasziniert hat, dass sie im südlichen Bereich des Kailbachtals ihre Siedlungen errichteten.

Nachdem wir uns aus dem Rucksack mit Speis und Trank versorgt haben, ziehen wir dem Waldrand folgend nach Osten talwärts weiter. Wir passieren den Weiler Mulbach mit dem kleinen Bauernkapellchen, folgen dem Lauf der Straße noch ein kurzes Stück Richtung Niederkail und biegen am Waldrand links in den offenen Hohlweg ein. Nach kurzer Zeit gabelt sich der Weg. Links geht es in einen stillgelegten Steinbruch, einem beliebten Treffpunkt der Jugendlichen aus der Umgebung.

Auf den Spuren der Kelten

Waldsee am Goldborn im Februar

Wir halten uns allerdings geradeaus und erreichen wenig später erneut den von Salweiden, Pappeln und Schwarzerlen flankierten Kailbach. Wir überqueren ihn über eine Brücke aus massiven Holzbohlen gleich neben einer Furt. An der Gnadenkapelle am anderen Ufer verweilen wir einen Augenblick. Ursprünglich im 16. Jahrhundert gebaut und vor rund 50 Jahren liebevoll renoviert verkörpert sie ein Stück tiefster Eifler Volksfrömmigkeit. Der Glaube an die erfolgreiche Fürsprache der Gottesmutter wird durch zahlreiche Votivtafeln im Innern dokumentiert.

Gleich hinter der Kapelle stoßen wir auf den Karl-Kaufmann-Weg (Hauptwanderweg 2 des Eifelvereins: Brühl - Daun - Trier). Ein kurzes Stück folgen wir ihm in nördlicher Richtung. Dort, wo der breite Weg nach rechts in Richtung Kloster Himmerod schwenkt, marschieren wir weiter geradeaus talaufwärts. Nach etwa 50 Metern weist ein Wegweiser nach rechts den Hang hinauf zum „Römergrab". Es entpuppt sich als ein gewaltiger Trog, den vor langer Zeit eifrige Steinmetze aus dem roten Sandstein an einem Stück gemeißelt haben. Ob das tonnenschwere Werk an dieser Stelle je die Grabstatt eines vornehmen Römers war, darf getrost bezweifelt werden. Der gut einen Meter tiefe Trog mit den dreiseitig herausgearbeiteten Apsiden erinnert eher an einen mittelalterlichen Brunnen, denn an einen Sarkophag. Möglicherweise handelt es sich auch um eine Badewanne für drei Personen. Im alten Badehaus in Bad Bertrich haben wir ähnliche mittelalterliche Einrichtungen entdeckt. Das prächtige Stück im Wald bei Landscheid liegt da, als habe man es für den Abtransport vorbereitet. Es ist den Abstecher auf jeden Fall wert.

Wahrscheinlich ein mittelalterlicher Brunnen, der immer noch auf einen Abnehmer wartet

Zurück auf dem Weg geht es noch eine Weile talaufwärts. Wieder gabelt sich der Weg. Wir halten uns rechts und folgen der Wegemarkierung Ls 9 den Hang aufwärts. Auf der Höhe erstreckt sich ellipsenförmig die „Burscheider Mauer". Der Name birgt die keltischen Wortelemente *bur* = Befestigung und *ceiton* = Wald. Von der mächtigen Ringwallanlage ist auf den ersten Blick nicht viel übrig geblieben. Die einst durch

Hier stand einmal ein mächtiger Kampfturm

hölzerne Ankerbefestigungen stabilisierte Trockenmauer ist längst in sich zusammen gefallen. Wer allerdings dem Steinwall nach rechts folgt, erkennt seine ursprünglich gewaltige Dimension. Bis zu 250 Meter beträgt der Durchmesser der Burganlage. Deutlich erkennbar ist der charakteristische tiefe Wallgraben an der Nordostseite. Wir erreichen nach etwa 50 Metern die Stelle, wo sich vermutlich das frühere, durch einen mächtigen Kampfturm gesicherte Haupttor befindet. Selbst zur steilen Talseite vermittelt die Steinschüttung dem kundigen Spurensucher ihre einstige Wehrhaftigkeit. Eine gute Stunde vergeht, ehe wir Abschied von der Vergangenheit nehmen. Nur schade, dass das Gelände seit den Grabungen der 60er Jahre offensichtlich keinerlei Pflege mehr erhalten hat. Der Eifelführer von 1906 schwärmt noch von einer phantastischen Aussicht, von einem prachtvollen alten Buchen- und Eichenbestand. Heute bedeckt dunkler Fichtenwald die Anlage.
Zurück an der Wegekreuzung machen wir uns auf die Suche nach dem „Keltenbrunnen". Trotz eines Wegweisers dauert es eine Weile, bis wir den in Stein gefassten und mit einem Eisengitter abgedeckten Schacht im Unterholz entdecken. Die Anlage ist noch immer völlig intakt! Außerdem gibt es rund um den Brunnen noch eine ganze Reihe Gebäudereste aus dem 1. und 2. Jahrhundert. Sie liegen versteckt unter den Buchentrieben im Dornröschenschlaf und warten auf ihre Wiederentdeckung.

Der Brunnen aus dem 1. Jh. Ist jünger als die Ringwallbefestigung

Der Rückweg zum Auto gestaltet sich komplizierter als erwartet. Unsere neu gekaufte Wanderkarte berücksichtigt nämlich noch nicht die quer durch das Gebiet verlaufende Trasse der neuen Autoahn A 60. Wir sind der Empfehlung eines ortskundigen Jägers gefolgt. Vom Keltenbrunnen aus sind wir auf dem breiten Fahrweg ein Stück bergab gelaufen, haben den kleinen Wasserlauf überquert und sind auf den nächsten Weg nach links abgebogen. Nach einer Weile stoßen wir auf die querverlaufende Autobahntrasse. Wir folgen ihr nach links in westlicher Richtung bis zu einer breiten Unterführung. Auf der anderen Seite angekommen, folgen wir dem breiten Fahrweg weiter entlang der Autobahn. Kurz vor der Kailbachtalbrücke zweigt ein breiter Weg spitzwinklig nach rechts, der uns genau an die Stelle lenkt, wo unsere Rundtour begonnen hat.

Start / Ziel: Wandererparkplatz am Rand der Straße von Landscheid zum Hof Hau

Distanz: 14 Kilometer, fünf Stunden sollten mindestens eingeplant werden

Schwierigkeitsgrad: Leicht, ganzjährig begehbar

Besonderheiten: Rucksackverpflegung empfohlen

Einkehrmöglichkeit: In Landscheid am Ende der Tour z.B.
im Landhaus Hubertus (gut bürgerliche Küche)

Anfahrt:
aus dem Raum Ruhrgebiet / Köln / Aachen: Autobahn A 61 – Anschlussstelle Mendig – Bundesstraße B 262 – Richtung Trier – Autobahn A 48 Richtung Trier – Anschlussstelle Manderscheid – Landstraße L 60 Richtung Wallscheid – Laufeld – Schladt – Grosslittgen – vor Ortseingang Landscheid nach rechts Richtung Hof Hau
aus dem Raum Koblenz /Süddeutschland / Saarland: Autobahn A 48 / A 1 – Anschlussstelle Manderscheid – Landstraße L 60 Richtung Wallscheid – Laufeld – Schladt – Grosslittgen – vor Ortseingang Landscheid nach rechts Richtung Hof Hau

Information:
Wanderkarte 1 : 25.000 Nr. 24 des Eifelvereins „Wittlicher Land" *
Wanderkarte 1 : 25.000 Nr. 25 des Eifelvereins „Kyllburger Waldeifel"
Achtung! Nicht alle im Handel erhältlichen Karten enthalten den Trassenverlauf der neuen Autobahn A 60

** wird z. Zt. überarbeitet*

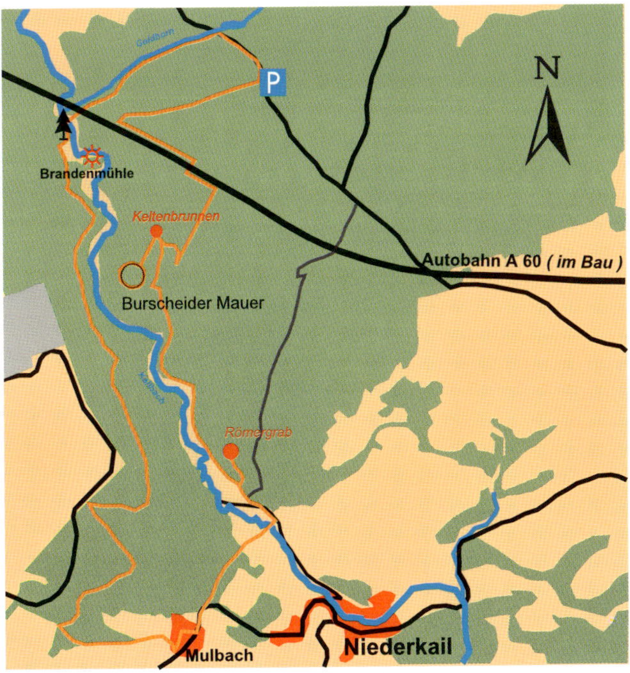

Abseits der Maare

Wandern für Genießer rund um Demerath in der Verbandsgemeinde Daun

Viele verbinden mit der Region Vulkaneifel den Anblick der berühmten Maare im Bereich der Verbandsgemeinde Daun. Kaum ein Wanderführer verschweigt die traurige Geschichte des Dörfchens Weinfeld am Totenmaar und zeigt wenigstens ein Luftbild mit den „Augen der Eifel", wie die kreisrunden Kraterseen von Eifelromantikern oft bezeichnet werden. Was, bitteschön, gibt es denn in Demerath zu sehen?

Auf einer privaten Homepage im Internet finden wir folgende Kurzbeschreibung: *„Es gibt dort etwas mehr als 300 Seelen, eine Kirche, keine Schule, keine Einkaufsmöglichkeit, aber eine herrliche Landschaft, viel Wald und gesunde Luft..."* Neugierig haben wir uns auf den Weg gemacht und vorsorglich reichlich Proviant in die Rucksäcke gepackt. Von Ulmen aus sind wir auf der schmalen Straße über Meiserich hinauf in Richtung Demerath gefahren. Auf der Höhe markiert eine uralte, fast völlig abgestorbene Buche neben einem Bildstock die Stelle, wo wir abseits der Straße das Auto parken können. Der Rundweg (3) beginnt gleich neben besagtem Baum. Zwischen Wiesen und Feldern geht es hinauf auf die mit Kiefern bedeckte Anhöhe „Auf der Scheid". Auf „-scheid" enden viele Ortsnamen und Gemarkungen im einstigen Siedlungsgebiet der Kelten. Scheid (kelt. *ceiton*) bedeutet Wald. Am Ende des Kiefernwäldchen genießen wir bei guter Sicht den weiten Blick in dieses Land, das im Norden vom imposanten Hochkelberg beherrscht wird. Rechts vom Hochkelberg erkennen wir bei guter Sicht die Kuppe der Hohen Acht, des mit 747 Metern höchsten Berges der Eifel. Im Süden schmiegt sich Demerath mit seinem markanten Kirchturm harmonisch ins obere Tal des Grundbachs. Der dunkle Höhenzug am Horizont liegt bereits im Hunsrück und irgendwo dazwischen liegt das Moseltal.

Nach knapp einem halben Kilometer erreichen wir eine Wegekreuzung. Auch hier bietet sich eine bemerkenswerte Aussicht auf das Tal des Alfbachs und mitten darin das Dörfchen Darscheid. Wir wandern nun links auf dem asphaltierten Wirtschaftsweg, der von allerlei Obstbäumen und mannigfachen Feldgehölzen gesäumt wird, in westlicher Richtung. Die bewaldete Höhe vor uns ist unser nächstes Ziel, die „Steineberger Ley". Zunächst geht es durch das Dörfchen Steineberg am Nordhang des Berges. Kaum haben wir die ersten Häuser erreicht, weist die Wegemarkierung (3) am Stamm der Kastanie vor dem ehemaligen Bauernhof nach links. Durch blühende Bauerngärten geht es hinüber zum Waldrand. Wieder sind wir überwältigt von der phantastischen Aussicht, die sich von hier oben bietet. Am „Haus der Jugend" biegen wir nach links und marschieren bergauf bis zum Sportplatz.

Eine Tafel informiert uns über die Besonderheit des Höhenortes. Grabfunde belegen, dass hier schon während der frühen Eisenzeit, über 500 Jahre v.Chr., Menschen gesiedelt haben. Sie gehörten dem keltischen Stamm der Treverer an. Was sie uns an sichtbaren Spuren hinterlassen haben, wird uns nun in der kommenden Stunde beschäftigen. Über einen gut ausgeschilderten Parcours erfahren wir an sieben ausgewählten Standorten allerlei über die mächtige Burganlage, die hier vor über 2000 Jahren zum Schutz der keltischen Bevölkerung vor germanischen Überfällen auf dem 560 Meter hohen Vulkankegel errichtet wurde. Sie bestand aus einer Mauer aus Basaltblöcken, die mit Balken untereinander fest verbunden, das Fundament für eine hölzerne Palisadenwand bildeten (murus gallicus: S. Lust auf Natur, Bd. I, S.61). Viel ist davon heute nicht mehr zu sehen, denn seit dem Mittelalter dienten die Felsmauern den umliegenden Bewohnern als willkommenes Baumaterial. Dank der ausführlichen Erläuterungen und Abbildungen auf den Informationstafeln an den einzelnen Stationen können wir uns ein Bild von der früheren Burg machen. Besonders interessant erscheint uns ein mit geheimnisvollen Kerben und Rinnen versehener Felsbrocken in der Nähe des Südtores. Er wird als „Opferstätte" (Opferstein) bezeichnet und ist vermutlich viel älter, als die umgebende Ringwallanlage, wenngleich es darüber keine eindeutigen Belege gibt. Ob hier einmal wirklich Menschen brutal geopfert wurden, wie es bei den Kelten üblich war? Mit gemischten Gefühlen untersuchen wir die merkwürdigen Vertiefungen in dem Basaltblock. Möglich wär's schon....

Opferstein – Haben die Kelten hier Menschen geopfert?

Am Ende des geschichtsträchtigen Parcours stoßen wir wieder auf unseren Wanderweg (3), auf dem wir unsere Tour nun bergab nach Süden fortsetzen. Am Fuß des Abhangs treffen wir auf einen Querweg, dem wir nach rechts folgen.
Nach wenigen Metern heißt es aufpassen! Zwar weisen die Wegemarkierungen hier nach links, aber im Laub des Waldbodens zwischen dem Unterholz ist der Pfad kaum erkennbar. Erst nach etwa 50 Metern haben wir am Waldrand wieder die Gewissheit, auf dem richtigen Weg zu sein. Dann treffen wir auf die Straße von Demerath nach Steineberg. Wir folgen ihr ein kurzes Stück weiter in südlicher Richtung. Am kleinen Parkplatz wechseln wir auf die andere Straßenseite. Von hier führt ein Waldweg (2 / 4) rechts hinunter ins Tal, dem wir von nun an folgen. Nach etwas mehr als einem halben Kilometer, queren wir einen Bach.
Eine hölzerne Bankgruppe im Bachgrund lädt zur Rast ein. Daneben haben die Demerather ein Becken in Stein gefasst und mit einer eisernen Schwengelpumpe ausgestattet. Wer sie betätigt, lässt den „Demerather Drees" sprudeln, eine wunderbar erfrischende Mineralquelle. *Drees, Dres* oder *Dreis* nennt man in der Vulkaneifel eine mineralhaltige Quelle.
Nach ausgiebiger Brotzeit verlassen wir gestärkt den gastlichen Ort. Weiter geht es in südöstlicher Richtung. Der Weg steigt nun leicht an. Wenig später lichtet sich der Wald. Über offenes Feld wandern wir hinüber zur Demerather Wacholderheide, einem kleinen Naturschutzgebiet. Hier angekommen geht es nach

Auf den Spuren der Kelten

Am „Demerather Drees“ gibt es kostenlos herrlich erfrischendes Mineralwasser

links hinunter zur großen Wegkreuzung im Tal, wo wir nun der Ausschilderung (4) nach rechts folgen. Durch ein Feuchtgebiet folgen wir dem asphaltierten Wirtschaftsweg hinauf bis zum Waldrand. Wer die Augen offen hält, entdeckt am Wegesrand zahlreiche seltene Blumen, die von allerlei bunten Insekten und Schmetterlingen umschwärmt werden.

Wenn die süßaromatischen Walderdbeeren locken, dauert die Tour schon mal etwas länger

Für Fotobegeisterte bieten sich unzählige Motive und wer sich leise verhält, hat die Chance hier im Frühsommer Einblick in die Kinderstube des Rehwilds zu bekommen. Auch seltene Raubvögel wie Rohrweihe und Rotmilan sind hier im Naturschutzgebiet gern zu Gast. Am Waldrand hört der Asphalt auf. Auf einsamen Viehweiden hier oben grast vom Frühling bis in den Herbst buntes Jungvieh, das uns neugierig und lautstark am Zaun begrüßt. Wir halten uns zunächst links entlang des Bergrückens in östlicher Richtung (4). Der Weg lässt sich angenehm laufen und wir kommen zügig voran. Dann geht es hinab ins Tal. Unten angekommen stoßen wir auf die einsame Straße von Demerath nach Winkel.

Wir folgen ihr ein kurzes Stück nach links in Richtung Demerath, bis sie eine Rechtskurve macht. Auf der gegenüberliegenden Straßenseite, gleich neben der kleinen Kapelle, führt der Wanderpfad rechts am Hang aufwärts (Verbindungsweg 1 / 4). Durch dichten Fichtenwald erreichen wir wenige Minuten später einen schmalen Felsgrad. Früher lohnte sich an dieser Stelle der Abstieg hinunter zur „Demerather Mühle“ im Ueßtal. Die Möglichkeit zur Einkehr besteht heute leider nicht mehr, auch wenn diese in älteren Wanderkarten noch immer vermerkt ist. Wir wandern deshalb auf unmarkiertem Pfad dem Grad entlang nach Norden, bis wir zu einer Wegekreuzung gelangen. Auf dem quer verlaufenden Wanderweg (1) marschieren wir rechts eine gute halbe Stunde durch den Wald weiter in nördlicher Richtung um den „Henzchens-Berg“ herum. Wenn dort jedoch im Frühsommer die süßaromatischen Walderdbeeren oder im Herbst die schmackhaften Waldpilze locken, brauchen wir für diesen Teil unserer Tour natürlich ein wenig länger.

Unterhalb des unbewaldeten Wachtbäumchens (472 m) geht es dann mitten durch Viehweiden und Wiesen auf dem von Wildgehölzen gesäumten Weg zurück zum Ausgangspunkt, immer wieder mit wunderbaren Ausblicken auf die herrliche Eifellandschaft.

Auf den Spuren der Kelten

Start/ Ziel: Parkplatz „Bei der Buche“ an der Straße Ulmen – Meiserich – Demerath

Distanz: 16 Kilometer

Schwierigkeitsgrad: leicht, April bis November

Besonderheiten: Rucksackverpflegung empfohlen, Mineralbrunnen am Wege

Anfahrt:
aus dem Raum Ruhrgebiet / Köln / Koblenz: Autobahn A 61 – Anschlussstelle Mendig – Bundesstraße B 262 – Richtung Trier – Autobahn A 48 Richtung Trier – Anschlussstelle Ulmen – Richtung Nürburgring – rechts abbiegen Richtung Ulmen – rechts K 22 Ulmen-Meiserich – Richtung Demerath
oder: Autobahn A 1 – Autobahnende – Richtung Nürburgring / Cochem – Bundesstraße B 257 – Kelberg – Ulmen – rechts K 22 Ulmen-Meiserich – Richtung Demerath
aus dem Raum Trier / Saarland: Autobahn A 48 – Anschlussstelle Ulmen – Richtung Nürburgring – rechts abbiegen Richtung Ulmen – rechts K 22 Ulmen-Meiserich – Richtung Demerath

Information: Wanderkarte 1 : 25.000 Nr. 20 des Eifelvereins „Daun – Rund um die Kraterseen“

Tipp: Unterkunft und kulinarisches Erlebnis bietet Kucher’s Landhotel in Darscheid (bei Daun) – über Demerath – Steinigen – ca. 8 Kilometer

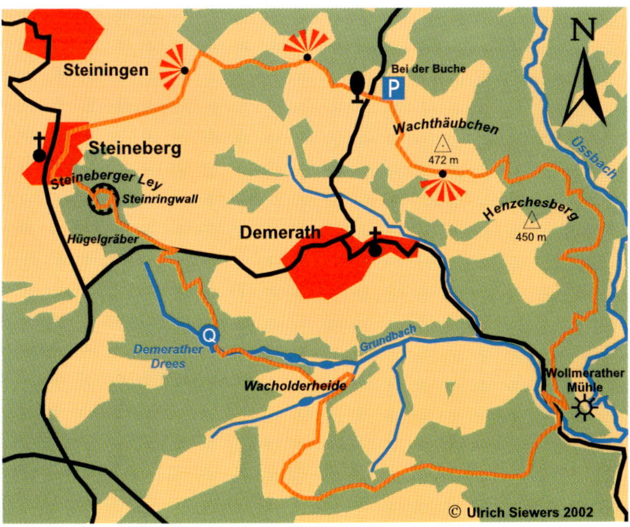

Das gesamte Gebiet um den Hochkelberg steht unter Naturschutz

Die letzte Bastion

Wandern rund um den Hochkelberg

Schon von weitem fällt in der von vulkanischen Hügelkuppen und sanften Wiesentälern geprägten Landschaft der Hocheifel eine besonders markante Erhebung auf, der „Hochkelberg". Mit 675 Metern zählt er zu den höchsten Bergen der Eifel. Seine Erhabenheit wird zusätzlich durch den Fernmeldeturm der Bundeswehr verstärkt, der sich wie ein Finger aus Beton am Südrand des Gipfels in den Eifelhimmel streckt. Der im Tertiär entstandene Vulkankegel markiert die Wasserscheide zwischen Mosel und Ahr.

Berg der Kelten nennen ihn die Heimatforscher. Wahrscheinlich haben sie recht. In der Bronzezeit siedelten rund um den Hochkelberg Kelten vom Stamm der Treverer. Die zahlreichen Quellen und die umgebenden Eichen- und Buchenwälder boten ideale Lebensbedingungen. Drohte Gefahr durch marodierende Germanen oder händelsüchtige Nachbarn, zogen sich die Familien mit ihrer beweglichen Habe auf den Berg zurück, den sie im Laufe der Zeit zu einer Höhenfestung umwandelten.

Die Unterwerfung der Treverer durch die Römer ab ca. 60 v. Chr. führte eher zu einem Aufblühen des Lebens in diesem Teil der Eifel. Die Geschichte rund um den Hochkelberg hat stets etwas mit Durchreisenden zu tun. In der Nähe kreuzen sich mehrere sehr alte Handelswege, die von den Römern für ihre Militärlogistik noch ausgebaut wurden. Cäsar selbst soll an der Spitze seiner Legionäre einst diesen Weg vom Rhein ins ferne Belgien gewählt haben, um einen Aufstand in den Ardennen niederzuschlagen.
Die römische Besatzungszeit verläuft über zwei Jahrhunderte hindurch meist friedlich. Dann dringen Germanen von Nordosten kommend 260 n. Chr. und 353 n. Chr. in die Eifel ein und verwüsten die meisten römisch-keltischen Siedlungen. Am Hochkelberg besiegen sie 353 die römischen Truppen des Rebellenkaisers Magnentius und zerstören die Befestigungsanlagen auf dem Berggipfel. Sie verschanzen sich in diesem Gebiet, von wo aus sie Raubzüge bis weit über Trier hinaus unternehmen und eine Spur der Verwüstung hinter sich lassen.
Hier beginnt nun unsere Spurensuche, in deren Verlauf wir auch einiges aus der jüngeren Geschichte dieser wunderschönen Eifellandschaft entdecken wollen.
Unser Auto haben wir auf dem großen Parkplatz am Schwimmbad in Kelberg geparkt. Gleich hinter dem Freibadgelände geht es nach links auf dem Waldlehrpfad hinauf in ein kleines Tal. Hinter dem Sportplatz beginnt das Naturschutzgebiet am Üßer Berg. Auch wenn

Vom Wacholderschutzgebiet ein Blick zurück auf Kelberg

Infotäfelchen uns einiges über die Bäume und Sträucher am Weg verraten, ist ein handlicher Naturführer zweckmäßig.
Um die vielen, teilweise seltenen Pflanzengemeinschaften richtig zu erkennen und zu verstehen, verdient dieser Teil unser Wanderung eine genauere, gesonderte Behandlung. Im weiteren Verlauf des Waldlehrpfades taucht zwischen den Kiefern vermehrt meterhoher Säulenwacholder auf. Wenn diese Flächen nicht regelmäßig von Schafen beweidet werden, droht diese typische Eifelspezies auszusterben (S. Lust auf Natur, Bd. I, S.102). Wo die hohen Fichten wachsen, folgen wir nach rechts dem schmalen Pfad hinauf bis zum breiten Fahrweg. Nach links laufen wir weiter bis zur nächsten Wegekreuzung. Auf dem Karl-Kaufmann-Weg geht es rechts ein paar hundert Meter weiter nach Süden. Dort zweigt ein Weg nach links Richtung Bundesstraße ab. Nachdem wir diese „Rennstrecke" überquert haben, erreichen wir nach wenigen Metern einen Parkplatz. Hier beginnt die im Sommer 2001 eröffnete „Geschichtsstraße". Sehr schön gestaltete Informationstafeln, die auf Basaltsäulen befestigt sind, dokumentieren die wechselvolle Geschichte der Region um Kelberg im Laufe der Jahrhunderte. So erfahren wir gleich zu Beginn, dass wir uns gerade auf der eingangs beschriebenen Römerstraße befinden. Nur ein paar Schritte weiter besuchen wir alte Hügelgräber aus gallo-romanischer Zeit. Am Ende des kleinen Wäldchens, durch das die Straße schnurgerade verläuft, befindet sich zu jener Zeit eine Siedlung. Wenn wir uns dort umschauen, können wir die hier siedelnden Treverer gut verstehen. Der Blick geht zu beiden Seiten in sanfte Täler und vor uns ragt majestätisch der Hochkelberg in den Himmel. Rechts fließen die Wässer des Ueßbachs Richtung Mosel. Links liegt die Quelle des Trierbachs, der in die Ahr mündet. Wir laufen noch ein kurzes Stück auf der Wasserscheide entlang bis zur Wegekreuzung. Hier wandern wir nach rechts ins Tal hinunter (2). Die Blütenpracht der Wiesen beiderseits des Weges nach Mosbruch begeistert vor allem in den Monaten Mai - Juni. Zigtausend Margeriten, leuchtendgelber Wiesenbocksbart und blauviolett blühender Wiesenstorchschnabel, dazwischen die Schwarze Teufelskralle und tiefblaue Glockenblumen säumen den asphaltierten Weg.

Die „Schwarze Teufelskralle" liebt naturbelassene Wiesen

Wir durchqueren den Weiler Moosbruch in östlicher Richtung. Vor der kleinen Kapelle am Ortsrand geht es nach links (2).

Im 19. Jh. trocken gelegt – das Trockenmaar „Moosbrucher Weiher“

Mitten im weiten Talkessel liegt der „Moosbrucher Weiher“, ein Maarsee. Im 19. Jahrhundert lässt man das Wasser ab und beginnt mit dem Torfabbau, der bis in die 50er Jahre des 20. Jahrhunderts währt. Heute bildet das versumpfte Feuchtgebiet ein einmaliges Biotop, das in seinem Kernbereich nicht mehr betreten werden darf. Salweiden, Schwarzerlen und Moorkiefern dienen seltenen Vögeln und allerlei Wildtieren als ein Rückzugsgebiet. Wir beobachten den Schwarzen und Roten Milan beim eleganten Beuteflug. Im Gestrüpp ist der Rotrückige Würger und die seltene Rohrammer zuhause. Wie kleine Kampfhubschrauber machen buntschimmernde Libellen Jagd auf Beute. Eine der hübschesten Arten ist die seltene, vergissmeinnichtblaue Azurjungfer. Der Wanderweg verläuft im Halbkreis um das Schutzgebiet, um das sich artenreiche Blumenwiesen und am Hang ein paar landwirtschaftlich genutzte Felder gruppieren.
Nachdem wir das Schutzgebiet etwa halb umrundet haben, wandern wir nach rechts am Wiesenrain entlang bis zum Waldrand. Von hier oben bietet sich ein schöner Ausblick auf den ganzen Talkessel. Am Waldrand entlang geht es nun nach links auf dem Vulkanweg in nördlicher Richtung. Wo der Vulkanweg spitzwinklig nach rechts abbiegt, wandern wir weiter auf dem Rundwanderweg Vulkaneifel, von nun an dem schwarzen Pfeil auf weißem Punkt folgend. Im Wald verengt sich der Weg zu einem Pfad. Über Gräben und Baumwurzeln und durch ei-

Viel ist von der einst mächtigen Kelten- und Römerfeste nicht mehr zu sehen, außer den Resten des Wallgrabens und ein paar Steinen

Im Rahmen der „Geschichtsstraße" informiert eine Tafel am Fuß der ehemaligen Bergfestung

ne Schlucht geht es nun rechts bergauf. Oberhalb der Schlucht treffen wir auf einen Holzabfuhrweg. Diesem folgen wir einige Meter nach links und dann geht es im spitzen Winkel nach rechts weiter bergan. Genau dort, wo der feurige Magmastrom im Tertiär aus der Tiefe des Hochkelberges quillt und sich nach Südwesten als Lava ins Tal hinunterwälzt, verläuft heute der Wanderweg (2 / 34). Kurz vor dem Gipfel erreichen wir die Kreuzung mit einem Wegweiser. Von Sassen herauf erfolgt hier die asphaltierte Zufahrt zu den Fernmeldeeinrichtungen der Bundeswehr. Wir folgen ihr auf unserem Weg zum Gipfel.

Gleich hinter den Absperrungen des Militärgeländes liegt der Gipfel mit den Überresten der alten Keltenburg. Viel ist davon allerdings nicht übrig geblieben. Wo einst stattliche Mauern aufragten, auf denen bärtige Kelten und später uniformierte Legionäre Roms ins Land spähten, haben längst knorrige Eichen und Buchen von den Mauerresten Besitz ergriffen. Unter ihren Wurzeln verbergen sich bestimmt noch allerlei archäologische Schätze. Die Münzfunde, die hier oben und beim Bau der Bundeswehreinrichtungen etwas unterhalb gemacht wurden, sind der Beweis, dass die Legenden um die verborgenen Schätze des Hochkelberges nicht erfunden sind. Eine Informationstafel am Fuß der einst bedeutendsten Befestigungsanlage der Region nennt die wichtigsten Daten ihrer Geschichte.
Nachdem wir uns ein wenig auf dem kleinen Plateau umgeschaut haben, geht es auf der Nordseite des Hochkelberges schnurgerade durch den Fichtenwald den steilen Abhang hinunter. Nur wer hier genau hinschaut, wird die zwei Abschnittswälle mit den davor liegenden Gräben wahrnehmen, die sich ringförmig um den Berg spannen. Es gibt aber auch keinen Grund, enttäuscht zu sein. Wir sind hier schließlich nicht im Phantasialand! Zur Erinnerung: Wesentliche Teile der keltischen Befestigungen bestehen aus Holz. Die Wohngebäude werden aus einfachem Lehmfachwerk errichtet und mit Stroh gedeckt. Nach 2000 Jahren ist davon natürlich nichts mehr zu sehen. Was wir heute nicht mehr sehen, müssen wir uns in unserer persönlichen Phantasie vorstellen. Dann gewinnen selbst die kleinsten Mauerfragmente an Größe und die flachste Mulde wird zum tiefen Graben. Spurensucher ohne die Gabe der Imagination werden nie etwas finden.
Am Fuß des Hochkelberges orientieren wir uns weiter an der Wegemarkierung (2). An der nächsten Wegekreuzung geht es nach rechts durch das Waldgebiet am Hochberg vorbei bis zur markanten Wegekreuzung am Waldrand. An der idyllisch gelegenen Bank mit dem Blick auf Hünerbach im Tal vorbei folgen wir dem Waldsaum ein Stück nach links. Dann knickt der Weg nach rechts ab. Auf dem befestigten Wirtschaftsweg angekommen wandern wir nach links, durchqueren ein kleines Tal und an der Grillhütte am Rosenberg vorbei marschieren wir bergab. Eine Bank lädt zum Verweilen ein. Links unter uns liegt der Töpferort Köttelbach, umgeben von Weideflächen, auf denen im Sommer stets Pferde weiden. Ob deren Besitzer eigentlich wissen, dass es die Kelten waren, die diese herrlichen Geschöpfe einst aus den Steppen Asiens in die Eifel mitgebracht haben? Wir wandern weiter durch die Wiesen nach rechts ins Tal. Vorbei am

Schon zu vorchristlicher Zeit eine Kultstätte – die Schwarzenbergkapelle bei Kelberg

kleinen Wäldchen erreichen wir den Bachgrund. Hier überqueren wir die viel befahrene Bundesstraße B 410 Kelberg - Mayen. Am Parkplatz folgen wir den 14 Kreuzwegstationen hinauf zum Schwarzenberg. Die spätgotische Wallfahrtskapelle am Ende des Kreuzweges steht an einem besonderen Ort.

An dieser Stelle befindet sich vermutlich schon in vorchristlicher Zeit eine Kultstätte der Kelten. Später ehren hier die Römer ihre Götter. Der Ort übersteht die Christianisierung zur Zeit der Frankenherrschaft und ist bis heute Ausdruck urtypischer Eifler Volksfrömmigkeit. Gleich daneben befindet sich ein kleiner Soldatenfriedhof. Hier gedenken wir in Stille der Männer, die im Glauben an ihre Pflicht im letzten Krieg ihr oft junges Leben verloren.

Der Wanderweg (5) ist gut gekennzeichnet. Von der Kapelle geht es oberhalb des Tierbachs am Hang entlang. Unterhalb des vor uns liegenden, mit Wacholder bewachsenen kleinen Hügels, wandern wir nach links in Richtung Kelberg (9). Nachdem wir noch einmal die „Rennstrecke“ (B 257 Ulmen - Nürburgring) heil überquert haben, erreichen wir kurze Zeit später die Ortsmitte von Kelberg.

An der Hauptstraße entlang und dann nach rechts der Ausschilderung zum Schwimmbad folgend, erreichen wir kurze Zeit später den Ausgangspunkt unserer Spurensuche.

Start / Ziel: Parkplatz am Schwimmbad in Kelberg

Distanz: 16 Kilometer

Schwierigkeitsgrad: leicht

Besonderheiten: Rucksackverpflegung empfohlen, Fernglas nicht vergessen!

Anfahrt:
aus dem Raum Ruhrgebiet / Köln / Aachen: Autobahn A 61 – Anschlussstelle Wehr / Nürburgring – Bundesstraße B 412 – Nürburgring – Müllenbach – Bundesstraße B 257 – Kelberg
oder: Autobahn A 1 – Autobahnende – Richtung Nürburgring / Cochem – Bundesstraße B 257 – Kelberg
aus dem Raum Koblenz /Süddeutschland / Saarland: Autobahn A 48 – Anschlussstelle /Nürburgring – B 257 – Kelberg

Information: Wanderkarte 1 : 25.000 Nr. 13 des Eifelvereins „Rund um den Hochkelberg“

Tipp: Bevor wir uns hungrig auf den Heimweg machen, gönnen wir uns eine Pizza oder einen Salatteller im Restaurant „La Lanterna“ (im Ortsteil Zermüllen, an der Hauptstraße Richtung Nürburgring). Hier kocht der Chef mindestens ebenso gut, wie in Bella Italia (die Römer lassen grüßen).

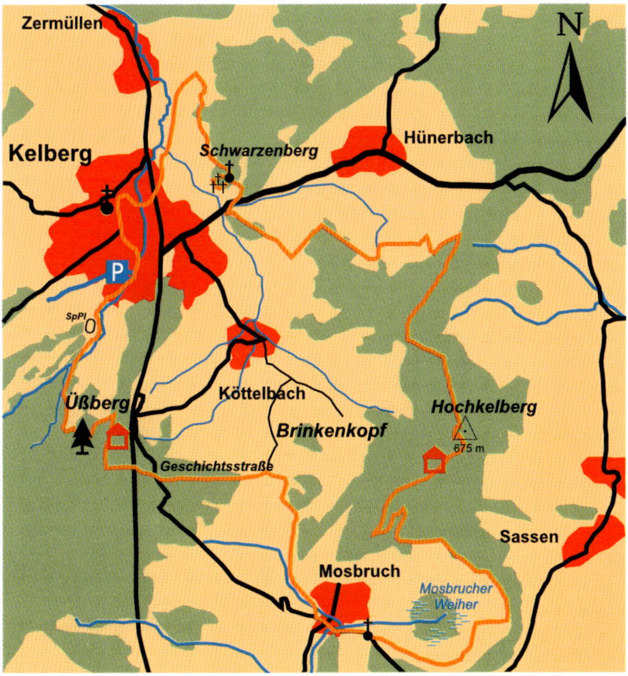

Kapitel 3

Auf den Spuren des Eisens

Erinnerungen an die einst blühende Eisenindustrie der Eifel

Wissenswertes

Eifel und Eisen – Kaum zu glauben, dass diese beiden Begriffe über Jahrhunderte untrennbar miteinander verknüpft sind. Wer heute durch die beschaulichen Täler und über die waldbedeckten Höhen dieser Kulturlandschaft wandert, möchte nicht annehmen, dass sie unter Wissenschaftlern als die Wiege der europäischen Montanindustrie gilt.

Funde belegen, dass die erste Eisenverhüttungsanlage nördlich der Alpen bereits im 7. Jahrhundert v. Chr. in Hillesheim im Betrieb ist, also lange vor der römischen Besatzung.

Die Technik der Eisengewinnung und -verarbeitung stammt aus dem Mittelmeerraum. Vermutlich sind es zunächst eiserne Waffen, die keltische Händler aus Südosteuropa mitbringen. Schnell spricht sich bei den kriegerischen Kelten die Kunde von diesen „Wunderwaffen“ herum. Seit Generationen kennen sie nur Schwerter und Lanzenspitzen aus Bronzeguss, der von der Härte, Elastizität und Schärfe dem neuen Material nicht annähernd gleichzusetzen ist. Außerdem müssen die Materialien zur Bronzeherstellung, Kupfer und Zinn, von weit her importiert werden. Nur wenige Adelige können sich diesen Luxus leisten. Mit steigender Nachfrage nach dem neuen Material kommen auch die Handwerker ins Land, die sich auf die Kunst des Eisenmachens verstehen. Hinzu kommt der günstige Umstand, dass die benötigten Rohstoffe reichlich vorhanden sind. Man braucht an vielen Stellen der Eifel nur den Mutterboden wegzukratzen, um den eisenerzhaltigen Brauneisenstein zu finden. Und die ausgedehnten Eichen- und Buchenwälder liefern die zum Schmelzen notwendige Holzkohle in Hülle und Fülle.

Die frühen Funde in der Eifel bezeugen bereits einen hohen Stand der Verhüttungstechnik. Die keltischen und später römischen „Eisenmacher“ benutzen sogenannte „Rennöfen“ (Rennfeuerverfahren). Dieses Verfahren wird übrigens auch heute noch in weiten Teilen der Welt angewendet.

Der Name "Rennofen" kommt ursprünglich vom Wort "rinnen", da das Eisen im Ofen nach unten rinnt. Er wird hauptsächlich aus Lehm gebaut. Zunächst wird eine ca. 30 cm breite und ca. 20 cm tiefe Grube ausgehoben, die anschließend mit Lehm ausgeschmiert wird. Dann wird ein ca. 10 cm breiter Lehmring um die Grube herum gebaut, auf den anschließend Ziegel oder Steine (Grauwacke) gelegt werden. Sodann wird wieder Lehm darüber aufgetragen, bis die Steine nicht mehr sichtbar sind. Nach dem ersten Ring fügen die Ofensetzer zwei bis drei Röhren (anfangs aus Holz, später aus Eisen) ein, um den Rennofen mit genügend Luft bei der Verbrennung zu versorgen. Schicht für Schicht entsteht darüber eine Wandung, die sich in der Höhe verjüngt. Übrig bleibt oben eine Öffnung von ca.10cm Durchmesser. Jetzt muss die Ofenkonstruktion mindestens eine Woche lang trocknen. Nach Ablauf dieser Frist wird der Ofen trockengeheizt, um ihm das übrige Wasser zu entziehen. Um eine besonders heiße Glut zu erzeugen, wird durch die Röhren Luft in den Brennraum geblasen. Die Kelten und Römer benutzen zu diesem Zweck lederne Blasebälge, die per Hand- oder Fußbetrieb betätigt werden. Nach etwa zwei Stunden ist der Rennofen funktionsbereit.

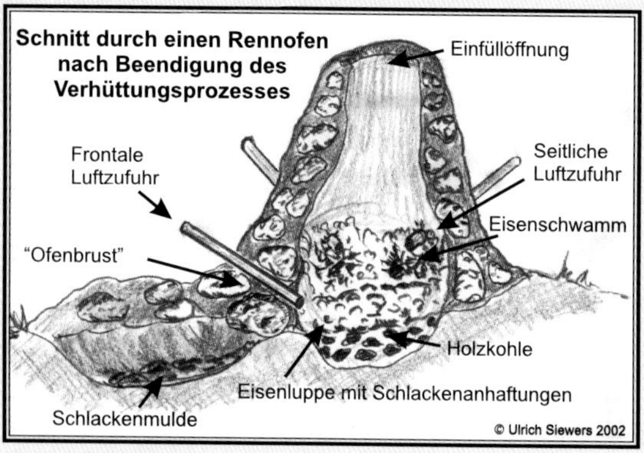

Erst jetzt beginnt der eigentliche Prozess der Verhüttung. Zuerst wird außerhalb des Rennofens ein Feuer entfacht, bis eine gute Glut vorhanden ist. Diese Glut wird nun von oben in den Rennofen gefüllt. Als nächstes werden im Verhältnis 2:1 zerkleinertes, oft auch auf einem separaten Feuer „geröstetes" Eisenerz und Kohle abwechselnd bis ca.10 cm unter den Rand aufgeschüttet. Vorsichtig führen die Männer hin und wieder ein wenig Luft mit dem Blasebalg hinzu, damit der Verhüttungsprozess nicht zu schnell abläuft. Zwei Stunden später ist es soweit. Der vordere Teil des Ofens (die Ofenbrust), wird aufgebrochen, um die sich unten angesammelte wachsweiche, teigige Eisenmasse (Luppe) mit Hilfe von Zangen zu entnehmen. Das Material wird nun mit Wasser abgeschreckt. Die dem entstandenen Roheisen anhaftende Schlacke wird mit Hilfe eines Hammers oder ähnlichem abgeklopft. Erst jetzt kann es von den Schmieden, die oft in der Nähe der Eisenschmelzen ganze Siedlungen im Wald errichteten, durch geeignete Verfahren zu Gebrauchsgegenständen weiterverarbeitet werden.

Um ein Kilogramm Roheisen zu gewinnen, braucht man etwa 28 Kilogramm zerkleinertes und gereinigtes Eisenerz und 14 Kilogramm beste Holzkohle. Das Verfahren ist also recht aufwändig. Außerdem kann man einen Rennofen nur einmal benutzen beziehungsweise musste ihn zeitraubend instandsetzen.

Die römischen Eroberer beginnen schon bald mit der „Rationalisierung" der Eisenherstellung. Das Roheisen wird in großen Mengen (industriell) in der Nähe

der Erzfundstellen erzeugt, während die Weiterverarbeitung meist dort erfolgt, wo die Endprodukte schnell verkauft werden können.
Die besondere Qualität des Eifler Eisens, das auch „Holzkohle-Eisen“ genannt wird, sorgt im Mittelalter für eine blühende Industrie. Sie liefert gut 10 % des gesamten europäischen Eisenbedarfs und kann eine Zeit lang sogar billiges Importeisen aus England vom Markt verdrängen. Der hohe Eisengehalt des Erzes, das bereits in geringer Tiefe in Gruben (Pingen) relativ leicht abbaubar ist, der Holzreichtum der umliegenden Wälder für die Gewinnung von Holzkohle als Energielieferant für die Schmelzöfen und die allerorts vorhandene Wasserkraft zum Antrieb der Blasebälge und Hammerwerke bieten optimale Voraussetzungen. Fachleute aus ganz Europa strömen in die Eifel und bringen ihr Wissen und Können mit. Auch der Markt vergrößert sich zusehends. In Köln und Trier wird Eifler Eisen gehandelt. Herdgussplatten, sogenannte Taken, aber auch ganze Öfen aus Eisenguss werden in alle Welt verkauft. Im nahen Belgien, vornehmlich im Raum Lüttich, entstehen im 18. und 19. Jahrhundert zahlreiche Waffenfabriken, wo das Rohmaterial der Eifler Eisenhütten reißenden Absatz findet. Es gab kaum eine Eifler Familie, die nicht auf irgendeine Weise von der Eisenindustrie profitierte.
Doch da ist auch die berühmte Kehrseite der Medaille. Die hungrigen Hochöfen forderten ständig Nahrung in Form von Holzkohle. Der Raubbau in den Wäldern fordert seinen Tribut. Aus der „Arduenna silva“, dem „großen Waldland“, wird zunehmend ein öder, baumloser Landstrich. Außerdem führt die fehlende Infrastruktur des bergigen Landes zu enormen Transportkosten. Als nach der Übernahme des Rheinlandes durch die Preußen 1815 die Eifel vom belgischen Absatzmarkt abgeschnitten wird, findet die Blütezeit der Eisenindustrie in der Eifel ein jähes Ende. 1881 schließt das letzte Hammerwerk in Kirchseifen und 1898 wird der letzte Eifel-Hochofen in Jünkerath ausgeblasen.

Besonders kunstvolle Herdplatten mit dazu gehöriger Holzmodel zur Herstellung der Gussform

Eine bittere Zeit beginnt für die Bewohner des „rheinischen Sibiriens“, an die sich manche bis heute nicht gern erinnert fühlen. Erst seit wenigen Jahren fängt man an, sich wieder an die „Eisenjahre“ zu erinnern.

Die Anlage zur Eisengewinnung bei Ahrweiler wurde von den Römern fast industriell betrieben

Eisen für Rom

Unterwegs auf dem Eisenweg zwischen Ahrweiler und Ramersbach

Als in den 50er Jahren Waldarbeiter im Ahrweiler Stadtwald auf seltsame Bodenerhebungen stoßen, ahnen sie noch nicht, dass hier etwas ganz Besonderes verborgen liegt. Sie melden ihren Fund dennoch weiter und 1956 beginnen Hobby-Archäologen mit den Ausgrabungen. Sie fördern Erstaunliches ans Tageslicht. Das öffentliche Interesse an den Ergebnissen scheint gering zu sein. Erst drei Jahre später unterstützt das Institut für Vor- und Frühgeschichte der Universität Bonn die Ausgrabungsarbeiten. Danach kehrt Stille in die Kiefernwälder über dem Ahrtal ein. Zwar gibt es an dieser Stelle in den Wanderkarten des Eifelvereins den Vermerk „Römersiedlung“ bzw. „Gräberfeld“, doch kaum ein Wanderer nimmt davon Notiz.

Erst über fünfzig Jahre später erinnern sich die Verantwortlichen des Kreises Ahrweiler und der Stadtverwaltung Bad Neuenahr-Ahrweiler an den archäologischen Schatz im Stadtwald, nachdem Marketingexperten für die Entwicklung der Gesundheits- und Fitnessregion nach neuen werbeträchtigen Angeboten für ihr Konzept „WohlSein 365" suchen. Seit Anfang Mai 2001 gibt es nun offiziell den „Eisenweg", der Geschichte, Ökologie und das Touristikgeschäft miteinander verbinden soll. Für Wanderer, die Lust auf Natur(erlebnisse) verspüren, ein bemerkenswerter Schritt in die richtige Richtung.

Wir starten unsere Wanderung am Wandererparkplatz „Alte Mauer" an der Ramersbacher Straße zwischen Ahrweiler und dem Örtchen Ramersbach (Eifel-Ardennen-Straße). Eine Informationstafel liefert wertvolles Hintergrundwissen. Zunächst geht es durch den Mischwald leicht bergauf. Nach etwa 300 Metern folgen wir nach links der Ausschilderung A7. Kurze Zeit später weist uns ein Schild auf das Gräberfeld der römischen Eisenschmelze links vom Weg hin. Ein paar Mauerreste von rechteckigen Fundamenten und Ziegelscherben beweisen, dass zwischen den Kiefernstämmen und Brombeersträuchern vor langer Zeit zivilisierte Menschen ihre Toten auf die verschiedensten Arten begraben haben. Über die Art ihrer Trauer verraten die steinernen Zeitzeugen allerdings kaum etwas. An der nächsten Wegekreuzung weist die Wegemarkierung A7 nach rechts. Nach wenigen Metern lichtet sich der Wald rechts von uns und die Überreste einer fast 2000 Jahre alten Industrieansiedlung liegen vor uns. Eine Hinweistafel klärt uns über die ökologische Bedeutung des Ausgrabungsortes auf: Zahlreiche Amphibien wie Frösche und Molche, aber auch seltene Pflanzen und Insekten finden ihren Lebensraum in den Tümpeln und in deren Uferbereich am Rande des Ausgrabungsfeldes. Eine andere Tafel zeigt in Form eines realistischen Gemäldes, wie wir uns das ursprüngliche Umfeld der einstigen Eisenschmelze vorstellen dürfen. Wir erfahren, dass es u.a. „die reichhaltigen Eisenerzvorkommen waren, die die Römer veranlassten, im 1. Jahrhundert vor unserer Zeitrechnung Gallien zu erobern". Die Mauerreste, die wir heute sehen, zeugen von einer fortgeschrittenen Baukunst. Die Verwendung von Kalkmörtel und behauenen Steinen lassen auf handwerkliche Arbeit schließen. Insgesamt war die Anlage im Altertum wahrscheinlich größer als der uns heute vorliegende archäologische Befund.

Das Eisenerz, das hier verarbeitet wurde, stammte aus verschiedenen Stellen der Umgebung, wo es im Tagebau gewonnen wurde. Zur Weiterverarbeitung wurde es in Körbe gefüllt und zu Pferde oder mit Maultieren zur Verhüttung transportiert. Das eigentliche Verfahren zur Herstellung von Eisenbarren erfolgte mittels des recht aufwän-

Gut erhaltene Mauerreste der früheren Eisenverhüttung „An den Maaren“ im Ahrweiler Stadtwald

digen, bereits geschilderten Rennfeuerverfahrens. Der Standort erwies sich offensichtlich als rentabel. Halbfertige und fertige Produkte konnten leicht über die Wasserstraße des Rheins flussabwärts nach Bonn, Köln oder Xanten am Niederrhein, aber auch flussaufwärts nach Andernach, Koblenz und Mainz abgesetzt werden.
Nachdem wir den Ausgrabungsort ausführlich angesehen haben, wandern wir weiter. Nach wenigen Metern biegen wir an der Wegekreuzung mit dem alten Basaltkreuz nach links ab. Kurze Zeit später stoßen wir auf einen breiteren Querweg, auf dem wir nach links marschieren. Schon von weitem fällt die nächste Informationstafel auf der Waldlichtung links vom Weg auf (Tafel 5 „Breiter Kopf"). Im Bodenaufschluss dürfen sich insbesondere unsere jüngsten Mitwanderer als „Eisensucher" betätigen. Das gelbliche Gestein in der Böschung knapp unter der Deckschicht des Waldbodens ist durchzogen von rötlichen bis schwarzbraunen Verfärbungen, die als Adern und als Schichten deutlich zu erkennen sind. Es handelt sich um eisenhaltiges Brauneisenstein (siehe Bild). Vor über 250 Millionen Jahren ist es entstanden. Die Tafel informiert mit verständlichen Worten und lehrreichen Abbildungen, welche geologischen Geschehnisse dazu geführt haben. Wir haben nun auch eine Erklärung für die zahlreichen Gräben, Trichter (Pingen) und Erdhügel im Wald entlang unseres Weges. Mit einem kleinen rostroten Souvenir in der Hosentasche wandern wir wenig später auf dem historischen Eisenweg weiter.

Interessant ist auch der Wald beiderseits unseres Weges, der offensichtlich wie ein Staudamm wirkt. Links erkennen wir an den typischen Sauergräsern (Seggen), dass hier das Regenwasser nur schlecht abfließen kann (Staunässe). Rechts des Weges zeigt die Bodenvegetation ein ganz anderes Bild. Waldrebe (Geißblatt) und Brombeersträucher gedeihen üppig zwischen den Kiefernstämmen. An der nächsten Kreuzung bei den beiden Findlingen geht es geradeaus weiter bergauf. Auch hier sind die Spuren der frühzeitlichen Bergleute unübersehbar. Wenn wir uns die Bäume und die Bodenvegetation wegdenken, können wir uns die einstige „Mondlandschaft" vorstellen, die es hier zur Zeit der Erzsucher gab. Umweltschutz war damals ein unbekannter Begriff und der Bedarf an Rohstoffen für die Eisenhütte war enorm. War der Boden ausgebeutet, kümmerte man sich nicht weiter um die Hinterlassenschaft. Kurze Zeit später erreichen wir die Schutzhütte „Alte Mauer“. Von hier geht es bergab bis zum Parkplatz am „Waldwinkel“. Am alten Steinkreuz folgen wir der Ausschilderung „Historische Straße“ nach rechts. Am alten Forsthaus mit dem Hirschgeweih am Giebel geht es wieder in den Wald hinein. Kurze Zeit später weist die Wegemarkierung dann nach links. Hinter der Höhe erblicken wir das Dörfchen Ramersbach. Eine Viertelstunde später erreichen wir die ersten Häuser. Dann stoßen wir auf der Höhe des kleinen Kapellchens auf die Straße Ramersbach - Ahrbrück, der wir nach links in Richtung Dorfmitte folgen. An der Kirche und dem kleinen, von Bäumen beschatteten Platz mit dem „Tante Emma-Laden“ vorbei wandern wir bis auf Höhe der alten Schule, wo wir vorsichtig die vielbefahrene Straße überqueren. Durch die Forststraße gelangen wir wenig später in den Hof des Gasthauses „Halfenhof“. Halfer, nannte man im Mittelalter die Bauern, die die Hälfte ihres Ertrages als Pacht an den Landesherrn zahlen mussten. Dem Steuerzahler heute geht es da meist besser.

Das schmucke Anwesen macht einen einladenden Eindruck. Der Blick auf die Speisekarte weckt unseren Appetit. Köhlerbraten, die Spezialität des Hauses, besteht aus exotisch gewürztem in Rotwein mit Honig geschmortem Schweinenacken. Dazu werden hausgemachte Buchweizenknödel und Blumenkohl gereicht. Wir betreten die rustikal eingerichtete Halfenstube. Die zahlreichen Fotos an den Wänden, ergänzt durch Modelle in Glasvitrinen und allerlei Gebrauchsgegenstände, dokumentieren den Arbeitsalltag der Köhler, die bis ins 20. Jahrhundert in dieser Gegend Holzkohle hergestellt haben.

Nach einem vorzüglich schmeckenden Mahl, abgerundet durch einen klassischen Ahrrotwein, setzen wir unsere Wanderung fort. Der Ausschilderung folgend geht es aus dem Dorf hinaus hinüber zur Florianshütte am Waldrand und weiter hinab nach rechts ins Tiefenbachtal. Wir folgen dem Wanderweg bis zur markanten Wegegabelung. Ein kleiner Abstecher nach rechts führt uns an die Stelle, wo vor 2000 Jahren die Römer einen stattlichen Gutshof betrieben. Eine Informationstafel schildert die Details. Nur so vermitteln die wenigen Mauerreste und Bruchstücke von Ziegelsteinen einen geschichtlichen Zusammenhang.

Zurück auf dem Wanderweg geht es weiter talabwärts. Wir überqueren den Bachemer Bach über eine Brücke. Auf dem gegenüber liegenden Hang führt uns der Wanderweg halbrechts hinauf bis zur Straße. Hier müssen wir ein paar Meter nach links Richtung Ramersbach marschieren. Dann geht es auf der gegenüberliegenden Straßenseite der Wegemarkierung rechts weiter auf dem Waldweg. Unterwegs finden wir überall Gesteinsbrocken, die Spuren von Roteisen aufweisen. Wieder gabelt sich der Pfad. Wir halten uns links und gelangen, der Markierung folgend, wenig später über den teilweise bereits bekannten Weg zurück zum Ausgangspunkt unserer Wanderung.

Auf den Spuren des Eisens

Start / Ziel: Parkplatz am Wandererparkplatz an der Ramersbacher Straße zwischen Ahrweiler und dem Stadtteil Ramersbach

Distanz: 10 Kilometer

Schwierigkeitsgrad: leicht, ganzjährig begehbar

Einkehrmöglichkeit: Restaurant Halfenhof in Ramersbach (www.halfenhof.de)

Anfahrt: Autobahn A61 – Anschlussstelle Bad Neuenahr – Richtung Ahrweiler – der Ausschilderung Ramersbach – Nürburgring folgen

Information: Wanderkarte 1 : 25.000 Nr. 9 des Eifelvereins „Das Ahrtal" Tourismus- & Service-Center, Felix-Rütten-Straße 2, 53474 Bad Neuenahr-Ahrweiler, Tel. (02641) 97 75-0, Fax (02641) 97 73-73, E-mail: info@tour-i-center.de

Tipp: Wer mehr über das Leben der Römer im Ahrtal erfahren möchte, besucht im Anschluss an diese Wanderung die Römervilla am Silberberg in Ahrweiler

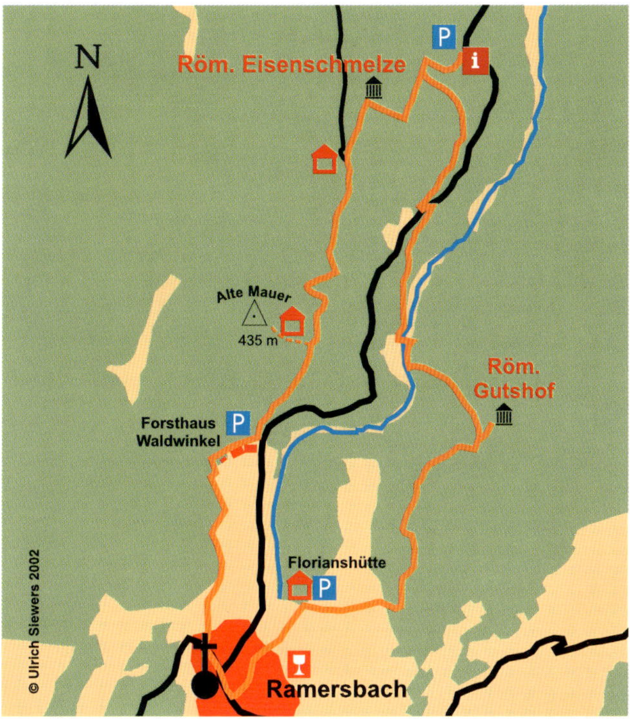

Auf den Spuren der unterirdischen Eifelschätze

Der Pingenwanderpfad bei Kall im Urfttal

Ein Zentrum des einst so bedeutenden Eisen- und Bleibergbaus und der Metallverhüttung liegt im Urfttal rund um das Eifelstädtchen Kall. Münz- und Werkzeugfunde belegen, dass auch hier bereits in keltischer Zeit Erz abgebaut wird. Zur Römerzeit erlebt der Abbau des guten und leicht abzubauenden Erzes bereits eine Blütezeit, die bis ins ausgehende Mittelalter reicht. Es wird berichtet, dass die Kaller Reidtwerke (Eisenhütten) Loshart und Eisenau ein derart ausgezeichnetes Eisen erzeugten, dass man es aus freier Hand zu geschmiedeten Gewehrläufen verarbeiten konnte. Wen wundert es, dass der preußische Staat 1826 den Hüttenbetrieb und die mechanische Verarbeitung des Eisens übernimmt. Während des Zweiten Weltkrieges gibt es dann noch einmal ernste Überlegungen seitens der Reichsregierung, den Abbau des manganhaltigen Eisenerzes zur Gewinnung hochwertigen Panzerstahls erneut zu fördern.

Das Betreten der trichterförmigen Pingen ist nicht ganz ungefährlich

Heute finden wir um Kall noch etwa 2000 teilweise gut erhaltene Schürfstellen und Erzgruben, deren an Bombentrichter erinnernde Bergwerksschächte (Pingen) überall im Wald zu finden sind. Um jede Schürfstelle herum liegen ringförmig Halden, die aus wertlosem Abraum (taubem Gestein) bestehen. Man braucht nicht allzu viel Phantasie, um sich vorzustellen, dass diese aufgewühlte baumlose Landschaft seinerzeit große Ähnlichkeit mit der Mondoberfläche besaß.
Die ehemaligen Grubenfelder stehen heute sämtlich unter dem Schutz des Rheinischen Amtes für Bodendenkmalpflege in Bonn. Wegen der bestehenden Einsturzgefahr der zugeschütteten Pingen ist das Betreten des Trichterinneren nicht ganz ungefährlich.
Die Spuren der Eifler Eisenzeit entdecken wir auf dem Pingenwanderweg rund um das Eifelstädtchen Kall an der Urft. Der Ort ist bestens per Auto oder Bahn erreichbar. Wir beginnen unsere Tour vor dem Rathaus. Hier finden wir auf einer Tafel einen kurzen Einführungstext und die Darstellung des Wegverlaufs auf einer Wanderkarte. In den nächsten Stunden folgen wir von nun an dem markanten Wegezeichen, der symbolisierten Grube mit dem Haspelbaum.
Der ausgezeichnet markierte Rundwanderweg führt uns zunächst am Ostufer der Urft entlang nach Norden, dann über den Fluss durch das

Der Abstecher zu den römischen Sandsteinbrüchen am Urftufer lohnt sich

Tal des Fahrenbaches nach Westen auf den waldreichen Höhenrücken der Kindshardt und durchquert in südlicher Richtung gleich mehrere ehemalige Grubenfelder. Anschließend geht es hinunter nach Golbach im Kallbachtal, dem wir am rechten Uferhang unterhalb der Loshardt durch das ehemalige Grubenfeld Concordia in nordöstlicher Richtung folgen. Schließlich führt er uns wieder hinunter nach Kall und durch das Städtchen hindurch zurück zum Ausgangspunkt.
Unterwegs lernt der Wanderer anhand von vorbildlich gestalteten Schautafeln mit Texten und Abbildungen an insgesamt 21 ausgewählten Standorten allerhand über die hochinteressante Montangeschichte der Eifel. Die Wegstrecke beträgt zwar nur 12 Kilometer, aber vier bis fünf Stunden sollten veranschlagt werden, denn es gibt immer wieder faszinierende Stellen im Wegverlauf, die zum Verweilen einladen. Dazu zählt unter anderen ein römischer Steinbruch am Ufer der Urft, wo noch heute die Spuren der Werkzeuge der Steinmetze im roten Triassandstein deutlich zu erkennen sind
Nicht nur für Familien mit Kindern empfiehlt sich ein Picknick im Verlauf der Wanderung. Zahlreiche Bänke am Weg laden dazu ein.

Start / Ziel: Vorplatz des Rathauses in Kall (in der Nähe des Bahnhofs und zahlreicher Parkplätze)

Distanz: 12 Kilometer

Schwierigkeitsgrad: Leicht, ganzjährig begehbar

Besonderheiten: Rucksackverpflegung empfohlen

Anfahrt: Autobahn A1 Köln – Trier – Anschlussstelle Wisskirchen – Bundesstrasse B 266 – Landesstrasse L 105 der Ausschilderung nach Kall folgen

Information: Wanderkarte 1 : 25.000 des Eifelvereins Nr. 5 „Nettersheim – Kall“ Faltblatt des Eifelvereins, Ortsgruppe Kall: „Ein neuer montanhistorischer Wanderweg in der Eifel – Pingenwanderpfad Kall“ erhältlich bei: Gemeindeverwaltung Kall, Bahnhofstr. 9, D-53925 Kall, Tel. (02441) 888-53 oder 888-0, Fax (02441) 888-48, E-mail: aesser@kall.de (Fremdenverkehrsbüro) oder buergermeister@kall.de

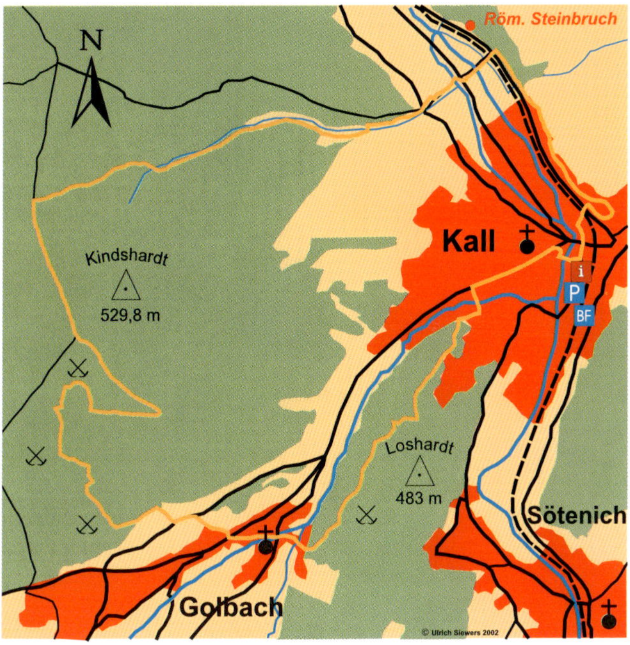

Gusseiserne Takenplatten wurden aus der Eifel in die ganze Welt geliefert

Ein Dorf schreibt Industriegeschichte

Zu Besuch im Eisenmuseum in Jünkerath

Erste historische Bedeutung erlangt Jünkerath als *„Icorigium“* zur Zeit der Römer. Im Verlauf der wichtigen Heerstraße von Trier nach Köln gelegen, lässt Kaiser Konstantin den Ort im 4. Jahrhundert zu einer Befestigung mit 13 Türmen und zwei großen Toren ausbauen. Die Straße verläuft mitten durch dieses Ringkastell, dessen Durchmesser 130 Metern beträgt. Reste dieser Anlage mit ihren gewaltigen 3,60 Meter dicken Mauern finden wir heute noch an der Stelle im Ort, die bezeichnenderweise „Römerwall“ genannt wird.
Knapp hundert Jahre bieten die Mauern den Bewohnern und Reisenden Obdach und militärischen Schutz. Dem Ansturm der Franken im 5. Jahrhundert vermögen sie allerdings nicht zu trotzen. Danach verfällt die Siedlung. Erst ab dem 13. Jahrhundert taucht der Name urkundlich als Junkerode im Besitztum der Herren von Schleiden wieder auf. 1452 fallen Name und Besitztümer an die Grafen von

Biedermeierofen mit der Abbildung von Schloss Liechtenstein

Manderscheid. Nur 35 Jahre währt ihre Herrschaft. Dann fällt der Besitz an die damals sehr bedeutende Grafschaft Blankenheim.
Historisch bedeutsam wird das Jahr 1687 für das Dörfchen am Kyllufer. Salentin Ernst, Graf zu Blankenheim und Freiherr von Jünkerath lässt ein Hüttenwerk errichten. Jünkerath wir dadurch zu einem Zentrum der Eisenindustrie in der Westeifel. In der zweiten Hälfte des 19. Jahrhunderts ist ihr Niedergang allerdings durch nichts mehr aufzuhalten. Auch der Bau der Eisenbahnstrecke Köln – Trier bringt 1871 keine Wende. Der letzte Eisenanstich im Jünkerather Hochofen erfolgt im Jahr 1896.
Heute lädt uns das Eisenmuseum am Römerwall zur Spurensuche ein. Museumsleiter Erwin Holzer präsentiert seinen Gästen ein außergewöhnliches Konzept. Im Unterschied zu anderen Museen der Region stellt dieses weniger die kunstgewerblich und volkskundlich bedeutsamen Erinnerungsstücke in den Vordergrund. Stattdessen will die bemerkenswerte Sammlung gusseiserner Herd- und Kaminplatten (Takenplatten), Öfen und anderer Gebrauchsgegenstände dem interessierten Besucher die geophysikalischen, technischen, sozio-kulturellen und kulturhistorischen Zusammenhänge vermitteln. So erfahren wir am Beispiel der kunstvollen Gussöfen, zum Teil aus Jünkerather Produktion, dass sich deren Absatzwege weit über die politischen Grenzen hinaus auf ganz Europa erstreckten.
Abgerundet wird die Ausstellung durch eiserne Waffen und Gebrauchsgegenstände aus keltischer und römischer Zeit, die u. a. am Barsberg (!) und in seiner Umgebung gefunden wurden.
Noch ein zusätzliches „Schmankerl“ hat das Eisenmuseum zu bieten: Nach Voranmeldung können kleine und große Besucher unter Anleitung „hautnah“ erleben, wie das Prinzip des Kunstgusses funktioniert.
Geöffnet ist das Museum vom 1. März - 31. Oktober an Wochentagen von 11 - 16 Uhr, samstags und an Sonn- und Feiertagen von 14 - 17 Uhr.

Unter fachkundiger Führung erfahren wir eine Menge über Eisen, seine Gewinnung und seine Verarbeitung

Montags bleibt das Museum geschlossen.
Führungen sind nach Absprache auch außerhalb der Öffnungszeiten möglich.
Die Eintrittspreise halten sich in Grenzen.
Das Museum ist rollstuhlgerecht ausgebaut!

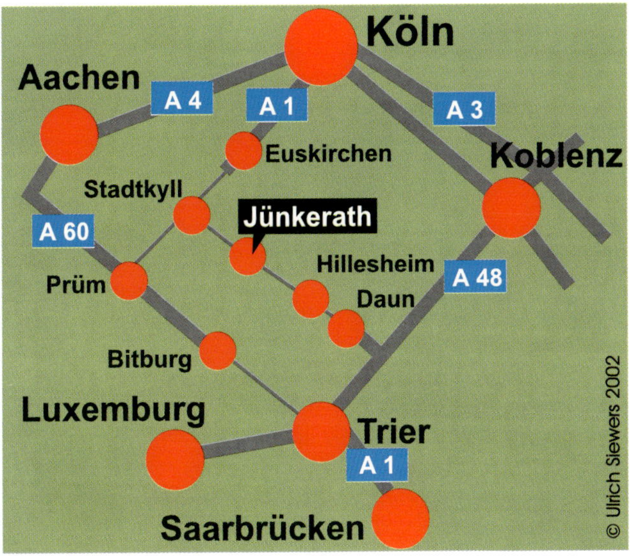

Anfahrt:
aus dem Raum Ruhrgebiet / Köln / Aachen: Autobahn A 1 – Autobahnende – Bundesstraße B 51 – Richtung Trier – Bundesstraße B 421 Richtung Stadtkyll / Daun – Jünkerath
aus dem Raum Koblenz: Autobahn A 48 – Autobahndreieck Vulkaneifel Autobahn A 1 – Anschlussstelle Daun – in Daun rechts Richtung Dreis-Brück – Oberehe – Bundesstraße B 421 Richtung Hillesheim – Birgel – Jünkerath
aus dem Raum Trier / Saarland: Trier – Bundesstraße B 51 Richtung Bitburg – Autobahn A 60 Richtung Aachen – Anschlussstelle Prüm Bundesstraße B 51 – Bundesstraße B 421 Richtung Stadtkyll / Daun – Jünkerath

Information:
Eisenmuseum, Römerwall 12, D-54584 Jünkerath
Museum, Tel. (06597) 14 82
Verkehrsverein , Oberes Kylltal, Tel. (06597) 28 78

Kapitel 4

Auf den Spuren der Vulkane

Wanderungen zu den Vulkanen und Maaren der Eifel

Wissenswertes

Das Landschaftsbild der westlichen Vulkaneifel und der östlichen Hocheifel wird durch zahlreiche erloschene Vulkane und Maare geprägt. Im Laufe der Erdgeschichte gibt es zwei Perioden verstärkter vulkanischer Tätigkeit im Eifelraum.
Vor etwa 35 - 45 Millionen Jahren, im sogenannten Tertiär, kommt es zu einer folgenreichen Bewegung in der Erdoberfläche. Begleitet von heftigem Vulkanismus steigen die Mittelgebirge auf. Einige Gebiete, wie die Kölner Bucht und das Neuwieder Becken, machen diese Bewegung nicht mit und bleiben als Senken bestehen. In der Osteifel entsteht ein Vulkanfeld, das von Adenau bis Ulmen und vom Ahrgebiet bis zum Laacher See reicht. Westlich dieses Bereichs sind nur vereinzelt tertiäre Vulkane und Ausbruchspunkte festzustellen.
Dann zu Beginn des Quartärs, vor etwa 1 Million Jahren, gerät die Erdoberfläche der Eifel erneut in Bewegung. Das Schiefergebirge drängt noch heftiger als zuvor nach oben und mit ihm gelangt geschmolzenes Gestein in Form rotglühender Magma an die Erdoberfläche. Wieder speit die Erde Feuer, diesmal überwiegend in dem Teil der Region, die wir heute als Vulkaneifel bezeichnen. Es bilden sich über 100 Vulkankegel sowie rund 50 Maarkessel. Das so entstandene quartäre Vulkanfeld der Eifel erstreckt sich von Bad Bertrich im Südosten bis Ormont in der Schneeeifel.
Der gewaltige Ausbruch des Laacher-See-Vulkans vor 11.000 Jahren förderte mehr Bimsstein- und Aschemengen als z.B. der Ausbruch des Pinatubo 1991. Eine über 30 Kilometer hohe Wolke verdunkelt den Himmel für Monate und verteilt feinste Gesteinspartikel aus der Eifel rund um den Globus. Der letzte große Knall in der Eifel ereignete sich vor etwa 9.400 Jahren und liess anschließend das Ulmener Maar entstehen. Seitdem schlummert der Riese Vulcanus in der Tiefe der Eifelerde. Wer die Stellen kennt, wird dort seinen Atem deutlich vernehmen.
Die Maare sind wohl die spektakulärsten vulkanischen Formen der Eifelregion. Man nennt sie gerne auch "Die Augen der Eifel". Die bekanntesten Maarseen findet man in der Vulkaneifel vor allem rund um die Kreisstadt Daun. Berühmt ist aber vor allem der Laacher See in der Osteifel. Man findet Vergleichbares nur noch in wenigen entlegenen Gebieten der Erde, etwa in Alaska, New Mexico und Indonesien.
Im Gegensatz zu den Schlacken- oder Tuffkegeln haben Maare eine negative Vulkanform. Sie sind in die Landoberfläche eingesenkt und meist nur von einem flachen Tuffwall umgeben. Maare entstehen durch die Explosion beim Kontakt

zwischen Grundwasser und der aufsteigenden glühenden Magma. Das Wasser wird schlagartig zu Dampf und sprengt das überlagernde Gestein weg. Aus diesem Grund ist der Anteil des Magmas am ausgeworfenen Material so gering. Heute sind die meisten Maare mit Regenwasser gefüllt oder bereits verlandet.
Mindestens ebenso wissenswert wie die geologische Entwicklung der Vulkaneifel ist die mit ihr einher gehende Evolution von Fauna und Flora.
Im Tertiär herrscht überwiegend tropisches und subtropisches Klima in der Region. Durch Austrocknung entstehen im Laufe der Zeit Savannen und Steppen, in denen sich eine vielfältige Säugetierfauna entwickeln und ausbreiten kann. Es kommt jedoch im Laufe der Jahrmillionen immer wieder zu Temperaturschwankungen. In den Kaltzeiten (Eiszeiten) erstreckt sich ein kalter Korridor zwischen dem skandinavischen Inlandeis im Norden und den alpinen Gletschern im Süden. In Zwischeneiszeiten ist das Klima oft wärmer als heute.
Die Klimaschwankungen wirken sich besonders auf die Säugetiere aus. Tiere der Warmzeiten sind in Mitteleuropa Waldelefanten, Waldnashörner, Flusspferde, Wasserbüffel und Halbaffen. In den Kaltzeiten herrschen Mammut, Wollhaarnashorn, Riesenhirsch, Säbelzahntiger, Saiga-Antilope, Rentier, Moschusochse und Steppenwisent vor. Die vormals üppige Flora Mitteleuropas reduziert sich auf wenige, den Klimaschwankungen angepasste Pflanzen.
Gegen Ende der letzten Eiszeit vor 12.000 Jahren zieht sich auf der Nordhalbkugel die "Kaltsteppe" zurück. Die großen Säugetiere der Eiszeit sterben aus. Als ihr gefährlichster Feind erweist sich der Mensch, der seit über 60.000 Jahren seine Spuren im Eifelraum hinterlassen hat.

Nützliche Adressen:

Verbandsgemeindeverwaltung Brohltal
Kapellenstraße 12
D-56651 Niederzissen
Tel. (026 36) 97 40 – 0 · Fax: (026 36) 801 46
E-mail: brohltal@brohltal.de

Touristik-Büro der Verbandsgemeinde
Mayen-Land
Kelberger Str. 26 · D-56727 Mayen
Tel. (02651) 80 09 59 · Fax: (02651) 80 09 20
E-mail: tourismus@mayen-land.de

Vulkanpark GmbH
Infozentrum Rauschermühle 6 · D-56637 Plaidt
Tel. (01801) 88 55 26 · www.vulkanpark.com.

Maar-Museum
Wittlicher Strasse 11
D-54 531 Manderscheid
Tel. (06572) 92 03 10
Fax (06572) 92 03 15
E-mail: maarmuseum@t-online.de

Kur- und Verkehrsamt
Postfach 11 40
D-54542 Daun
Tel.: (065 92) 95 13 11
Fax: (065 92) 95 13 20
E-mail: touristinfo@daun.de

Der „schlummernde Riese“ in der aufgehenden Februarsonne

Der schlummernde Riese

Den Geheimnissen des Laacher Sees auf der Spur

Wenn sich die Silhouette des Klosters Maria Laach von den ersten Strahlen der aufgehenden Frühlingssonne erleuchtet, in zartem Rotgelb im See spiegelt, ist das die beste Tageszeit, um sich dem schlummernden Riesen zu nähern. Gemeint ist der Laacher See, dessen Oberfläche um diese Uhrzeit nur von den auf ihr gleitenden Wasservögeln bewegt wird. Oft bedeckt ihn auch um diese Zeit ein Hauch von Nebel, aus dem gespenstig ab und zu der Ruf unsichtbarer Wasservögel ertönt.
Die Ruhe währt meist nicht lange. An Wochenenden tauchen schon kurz nach Sonnenaufgang die ersten Jogger auf dem Seeuferweg auf und verscheuchen ungewollt das heimliche Wild, das von den Buchen gesäumten Hängen zur Morgentränke ans Wasser kommt. Spätestens, wenn die Sonntagsglocken von den mächtigen Türmen der Abteikirche zur ersten Messe läuten, füllen sich die Parkplätze rund um den See. Die Faszination des mit 330 ha Wasserfläche größten Eifelmaares und der ehrwürdigen Benediktinerabtei am Südostufer lockt Jahr für Jahr fast vier Millionen Besucher aus der ganzen Welt. Die Hochsaison beginnt

bereits Ostern und reicht bis in den Spätherbst. Die verkehrsgünstige Lage in der Nähe des Rheintals und die unmittelbare Anbindung an die Autobahn A 61 erschließen den See und seine Umgebung seit Jahren erfolgreich für den Fremdenverkehr. Am Nordufer lockt außerdem ein vorbildlicher Campingplatz mit Wassersportmöglichkeiten für Segler, Surfer und Badestrand. Dabei ist der Zugang zum Wasser streng reglementiert. Schließlich liegt der See mitten im größten Naturschutzgebiet von Rheinland Pfalz.
Wer die stillen Geheimnisse des Laacher Sees kennen lernen möchte, begleitet uns auf unserer frühmorgendlichen Tour. Bevorzugt wählen wir einen Wochentag außerhalb der Saison, zum Beispiel diesen kalten Frühlingsmorgen. Auf dem Parkplatz neben der Straße oberhalb des Campingplatzes, der um diese Jahreszeit im Winterschlaf liegt, gibt es früh morgens noch genügend kostenfreie Stellplätze. Ein paar Meter marschieren wir an der Straße entlang nach links, überqueren sie und laufen auf dem Holzabfuhrweg hinter der Schranke hinunter, am Zaun des Campingplatzes entlang, immer der aufgehenden Sonne entgegen. Zirpend huschen Meisen durchs Geäst und irgendwo hämmert ein Specht im Altholz des Buchenwaldes. Ansonsten herrscht Stille. Der See zu unserer Rechten schimmert majestätisch silbrig blau. Ein Schwanenpärchen zieht lautlos seine Bahn. Ab und zu ertönt der Ruf der Teichhühner im Ufersaum. An der Wegekreuzung bleiben wir rechts auf dem Uferweg (ML 1). Immer wieder zieht es uns ans Seeufer hinunter. Der Uferbereich am Ostrand des Laacher Sees weist nur einen geringfügigen Schilfbestand auf. In den frühen Morgenstunden herrscht meist Windstille und wir können im kristallklaren Flachwasser bis auf den Grund sehen, der in Ufernähe mit sandigem Geröll bedeckt ist. Surfer und Angler wissen, dass der meist aus westlichen Richtungen wehende Wind erst gegen 10 Uhr aufkommt und die Flaute dann ab 17 Uhr wieder einsetzt. Während dieser Zeit nagen die Wellen dann in meist kurzen Stößen an der Ufervegetation, deren Wurzelstelzen Mangroven ähnlich aus dem Wasser ragen. Hin und wieder obsiegt der See über ihre Standhaftigkeit und zieht selbst große Bäume in sein nasses Grab. Glaubt man der Sage, liegt auf dem Grund des Gewässers eine versunkene Burg. Erzählt wird auch von Tauchern, die in der Tiefe auf Nimmerwiedersehen verschwunden sind. Welche Geheimnisse verbirgt dieses nasse Riesenungeheuer noch?
Einem geheimnisvollen Vorgang begegnen wir während unserer Wanderung mehrfach am Ostufer des Sees. Unmittelbar vor unseren Fü-

ßen, scheint der See auf einmal lebendig zu werden. Blubbernd und glucksend steigen Blasen aus der Tiefe und zerplatzen an der Wasseroberfläche. Ist das der Atem des schlafenden Riesen in der Tiefe?
In gewisser Weise ja, denn unter den sanften Hügeln rund um den erloschenen Laacher-See-Vulkan befindet sich noch immer eine riesige Magmakammer. An ihren Rändern bildet sich Kohlensäure, die durch Risse und Schlote zur Erdoberfläche aufsteigt. Die zahlreichen kohlensäurehaltigen Mineralquellen (Sauerbrunnen) sowie Thermalquellen und Geysire im Rheintal sind seit langem ein sicheres Indiz dafür. Einige Geowissenschaftler vermuten, dass der Vulkan nur ruht und nicht erloschen ist. In den letzten Jahren verstärken sich die Kohlendioxid-Austritte (Mofetten) am Ostufer des Laacher Sees. Vulkanologen schließen einen erneuten Ausbruch in den nächsten Jahrzehnten nicht völlig aus. Dass in der Eifel ständig aktive geologische Prozesse stattfinden, beweisen schließlich diverse Erdbeben in historischer Zeit. 1756 erschüttert ein heftiges Erdbeben die Region um Düren, bei dem Gebäude und Schornsteine einstürzen. Die beiden letzten Beben, deren Epizentren im Raum Lüttich (8.11.1983) und Roermond (13.04.1992) liegen, werden wir so schnell nicht vergessen.
Ein wenig nachdenklich stimmt uns die Konfrontation mit dem schlafenden Riesen unter dem Laacher See schon. Ob wir beim Genuss der nächsten Flasche Sprudel auch daran denken werden?
Unterwegs treffen wir immer wieder sogenannte geologische Aufschlüsse, an denen Informationstafeln auf besondere erdgeschichtliche Bedeutung hinweisen. So auch im Bereich der „Jägerspitze“, einer Felsnase, die in den See hinein reicht. Auf dem kleinen Vulkankegel darüber stand im frühen Mittelalter die Stammburg von Pfalzgraf Heinrich II., dem Stifter des Klosters Maria Laach. Außer dem Namen „Alte Burg“ gibt es kaum wahrnehmbare Spuren des herrschaftlichen Gemäuers. Ist das vielleicht die sagenhafte Burg, die auf dem Grund des Sees liegen soll? Wahrscheinlicher ist, dass die Mönche die Burg als Steinbruch nutzten und das Material beim Bau des Klosters Verwendung fand.
Gleich hinter der „Alten Burg“ beginnt das Vogelschutzgebiet. Das Seeufer besteht hier aus einem dichten Schilfgürtel, der von hohen Pappeln, Weidengehölzen und Birken gesäumt wird. Zahlreiche Wasservögel haben das natürliche Refugium inzwischen besiedelt. Der Weg macht einen großen Bogen um diese Schutzzone und verläuft zwischen Weideflächen und Feldern hinüber zum Eingang des sogenannten Fulbertstollen.
Eine Informationstafel klärt auf. Ursprünglich liegt das Niveau des Laacher Sees gut zehn Meter über dem heutigen Wasserstand. Nach starken Regenfällen und im Frühjahr nach der Schneeschmelze bedroht der steigende Seepegel regelmäßig das neu erbaute Kloster und überflutet häufig die Krypta unter der Abteikirche. Auf Weisung von Abt Fulbert ergraben die Mönche im 12. Jahrhundert

Am Ostufer des Sees steigen Gasblasen an die Wasseroberfläche – der tödliche Atem des Vulkans

Die romanische Abteikirche Maria Laach – ein geistiges und kulturelles Kleinod der Eifel

am Südrand des Sees einen Abflussstollen, der eine für seine Zeit beachtliche Ingenieurleistung darstellt. Er ist etwa einen Kilometer lang, 1 $^1/_2$ Meter breit und 3 $^1/_2$ Meter hoch. Durch die Absenkung des Sees ist das Kloster gerettet.
Im Zuge der Säkularisierung wird gegen Anfang des 19. Jahrhunderts das Kloster aufgegeben. Der Stollen verfällt mangels ausreichender Wartung und bricht an einigen Stellen ein. 1844 wird daher ein neuer Stollen gebaut, welcher den Wasserspiegel des Laacher Sees noch etwas tiefer auf das heutige Niveau absenkt. Dieser Stollen ist noch immer in Betrieb. Die Kraft des abfließenden Wassers treibt das Wasserrad der Laacher Mühle an. Sie liegt direkt an der Straße nach Niedermendig, kurz vor der Autobahnanschlussstelle und dient heute nur noch dem Eigenbedarf des Klosters.
An den nach biologischen Richtlinien gepflegten Obstplantagen der Klosterbrüder vorbei und der Straße folgend, wandern wir nun hinüber zur Abteikirche. Das eigentliche Kloster liegt hinter hohen Mauern versteckt.
Zur Abtei gehörende große Ländereien sowie der See werden noch heute von rund 60 Mönchen bewirtschaftet. Ihr Grundsatz heißt "ora et labora" (bete und arbeite). Das Ergebnis dieser Tätigkeit spiegelt sich in der Umgebung des Klosters wieder. Eine große Gärtnerei, die Obstplantagen, die eigene Mühle, ein ökonomischer Landwirtschaftsbetrieb mit einer Rinderzucht, eine berühmte

Fischzucht (Laacher-See-Felchen), Kunstwerkstätten, ein Verlag für christliche Literatur, Ladengeschäfte, die Klosterschänke und ein Hotel der gehobenen Klasse mit Restaurant machen das Kloster zu einem wichtigen Arbeitgeber in der Region.
Kunstgewerbe-, Bücher- und Klosterladen, in dem hauptsächlich klostereigene Produkte angeboten werden, laden auch sonntags die zahlreichen Besucher zum Einkauf ein. „Carpe diem“ (nutze den Tag) mögen sich die Klosterbrüder dabei denken.
Gut 1 $^{1}/_{2}$ Stunden sind wir unterwegs, als wir das sogenannte „Paradies“ der romanischen Abteikirche betreten. Dieser Vorhof mit seinem wasserspeienden Löwenbrunnen wird von einem nach zwei Seiten hin offenen Wandelgang umgeben, der mit seinen originellen Verzierungen einen ganz besonderen Reiz ausübt.
1093 gründet Pfalzgraf Heinrich II. das Benediktinerkloster Maria ad Lacum (Maria Laach). Die Klosterkirche, in der sich auch sein Grab befindet, gilt als das Juwel der romanischen Kirchenbauten des Rheinlandes.
Zu den Besonderheiten zählt die unterirdische Krypta, in der sich jährlich Hunderte von Paaren das Hochzeitsversprechen geben. Erwähnenswert ist auch das Hochaltarziborium genau über der Krypta. Die tonnenschwere Steinkrone wird von sechs filigranen Säulen getragen. Der dahinterliegende Chorraum (Ostapside) wird durch ein mächtiges, nach sizilianischen Vorbildern geschaffenes Mosaikbild des Pantokrator-Christus dominiert, dessen Farbe und Ausdrucksstärke den Besucher beeindrucken.
Nach dem Besuch der Abteikirche wandern wir über den Steinlehrpfad entlang der Klostermauer weiter. Dabei erfahren wir allerhand Interessantes über die Verwendung des heimischen Steinmaterials von der Römerzeit bis heute. Am Ende des Lehrpfads stoßen wir auf die Zufahrt zum Naturkundemuseum St. Winfried. Der Besuch lohnt sich. Mit viel Sorgfalt und Geschick erstellte Dioramen zeigen die heimischen Wildtiere in ihren artty-

Unterricht am Rand des Wanderweges – der Steinlehrpfad hinter dem Kloster

pischen Lebensräumen. Auge in Auge begegnet der Besucher den in der Eifel längst ausgestorbenen Tieren wie Bär und Wolf. Wie gut, dass die wilden Tiere allesamt Glasaugen haben und lediglich meisterlich präpariert sind. Lebende Exoten finden wir in großen Terrarien im Untergeschoss des Museums. Die Schlangen und Echsen sind aber meist harmlos und mit ein bisschen Glück darf man sie sogar streicheln.
Die letzte Etappe führt vom Parkplatz des Museums durch das kleine Tal hinauf zur Wehrer Höhe (GI 3). Ein kurzes Stück wandern wir parallel zur Autobahn, die an dieser Steigung vor der Anschlussstelle Wehr für spektakuläre Unfälle und kilometerlange Staus berüchtigt ist.
Hier laufen wir auch ein kurzes Stück auf dem Jakobsweg (Hauptwanderweg des Eifelvereins Nr. 1). Am alten Feldkreuz und dem St. Benedictus-Denkmal aus neuerer Zeit geht es nach rechts am Waldrand entlang weiter. Eine Bank lädt zum Verweilen ein. Der phantastische Panoramablick reicht links vom Gänsehals mit dem markanten Fernmeldemast über den von Wäldern umgebenen Talkessel von Wehr, das Naturschutzgebiet des Dachsbuschs und rechts den Resten des Herchenbergs über dem Brohltal, erkennbar an der tiefen Wunde in der Landschaft, die vom Abbau der Lava stammt. Dahinter am Horizont die markante Silhouette des Siebengebirges, links in einiger Entfernung das kugelförmige Radom bei Wachtberg und über dem Waldrücken bei Wehr lugt keck der Bergfried der Ruine Olbrück. Hier oben ist mit Sicherheit einer der besten Plätze, um jungen Menschen die Geografie der Heimat anschaulich nahezubringen!
Wir wandern in nördlicher Richtung weiter am leicht ansteigenden Waldrand entlang. Er wird von knorrigen Buchen und Eichen gesäumt. Auf dem meist grasbedeckten Feldweg ist das Laufen recht angenehm. Immer wieder streift der Blick ins weite Land und entdeckt stets neue Landschaftsdetails. Je mehr wir uns der Höhe nähern, desto deutlicher merken wir, dass unser Weg ziemlich genau auf dem Kraterrand des Laacher-See-Vulkans verläuft. Ab und zu können wir rechts zwischen den Buchenstämmen den See entdecken, während der Hang links in auffälligen Wellentälern ins Tal Richtung Glees abfällt. Diese Täler sind alte Erosionsfurchen, die einst das Regenwasser in die noch frischen, unbewachsenen Aschen des Bimswalles hineingewaschen hat.
An der Waldspitze hinter der Höhe teilt sich der Weg. Rechts geht es hinunter zum Kloster. Wir marschieren geradeaus weiter und erreichen schon bald den Sattel der Gleeser Höhe. Über ihn verläuft die Straße von Glees herauf kommend, um wieder hinab zum Laacher See abzufallen. Wir folgen der Straße ein kurzes Stück bis zur scharfen Rechtskehre, wo wir geradeaus auf dem Holzabfuhrweg (ML 20) Richtung Waldfrieden weiter wandern. Nach etwa 300 Metern folgen wir dem schmalen Pfad nach rechts, der uns zurück zum Ausgangspunkt unserer Tour bringt.

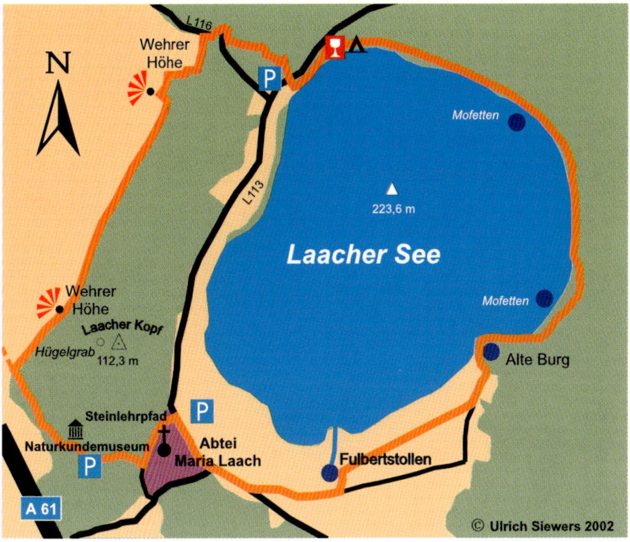

Start/ Ziel: Parkplatz an der Landstraße oberhalb des Campingplatzes am Laacher See

---

Distanz: 12 Kilometer

Schwierigkeitsgrad: leicht

Besonderheiten: Möglichkeit der Besichtigung der Abteikirche und des Naturkundemuseums Maria Laach

---

Anfahrt aus allen Richtungen:
Autobahn A 61 – Anschlussstelle Mendig – Landesstraße L 113 – Maria Laach

---

Information: Wanderkarte 1 : 25.000 Nr. 10 des Eifelvereins „Das Brohltal“
Wanderkarte 1 : 25.000 Nr. 37 des Eifelvereins „Rund um den Laacher See“

Tipp: Einkehr nach der Tour zu einer deftigen Brotzeit im „Vulkan-Brauhaus“ in Mendig

---

Lehrstunde am Kraterrand

Auf den Spuren der Erdgeschichte am Mosenberg bei Manderscheid

Urplötzlich sind alle Stimmen der Wildnis verstummt. Ein leises Grollen kündet das Unheil an. Dann eine gewaltige Explosion. Mit ohrenbetäubendem Getöse reißt die Erdoberfläche im Umfeld des heutigen Eifelstädtchens Manderscheid auf. Die Erde bebt und rotglühende Lava entlädt sich monatelang aus ihrem Inneren. Die rauchenden Schlacken wachsen zu einem mächtigem Kraterwall empor, in dessen Kessel die feurige Masse brodelt. Unerwartet brechen alle Dämme. Nach Nordwesten fließt plötzlich ein feuriger Lavastrom aus der offenen Flanke auf das noch nicht existierende Bettenfeld zu. Auch im Westen tritt eine Magmazunge aus und im Süden ergießt sich ein 30 Meter breiter Lavastrom hinunter ins Tal der Kleinen Kyll. Unterwegs kühlt sich die Lava ab und erstarrt im so genannten Horngraben zu markanten sechskantigen Basaltsäulen.
So oder so ähnlich könnte der Mosenberg, genauer gesagt die Mosenberggruppe, vor etwa 30 000 Jahren entstanden sein. Das ist aber noch längst nicht das

Ende ihrer vulkanologischen Geschichte. 20 000 Jahre herrscht Ruhe. Mittlerweile geht die letzte Eiszeit ihrem Ende zu und unsere heutige Eiszeit, das Holozän, beginnt. Ausgedehnte Wälder bedecken die Eifel und die Zeit der Jäger und Sammler geht ihrem Ende entgegen. Sie machen seit Jahren einen großen Bogen um die Nordflanke des Mosenberges, denn dort speit die Erde noch immer Feuer. Es kommt aus einem kleineren Krater, dem sogenannten „Wanzenboden", uns besser als Windsbornkrater bekannt. Später, als die Vulkantätigkeit nachlässt, füllt sich der Trichter mit Regenwasser und bildet heute einen kleinen, kreisrunden See. Es handelt sich dabei nicht etwa um ein Maar, sondern um den einzigen Kratersee nördlich der Alpen. Doch auch mit einem Maar kann unser „Lehrvulkan" dienen. Am Fuß des Windsbornkraters, gleich neben dem Parkplatz, befindet sich das Hinkelsmaar. Der einstige See ist allerdings vollständig verlandet und scheint auf dem ersten Blick nichts weiter zu sein, als eine sumpfige Wiese.

Mit diesen Informationen versehen, die übrigens alle im Internet zu finden sind, brechen wir morgens vom Parkplatz am Hotel-Restaurant „Heidsmühle" bei Manderscheid auf. Am linken Ufer der Kleinen Kyll wandern wir in südlicher Richtung auf dem „Vulkanweg". An der „Marienhütte" vorbei überqueren wir das naturbelassene Wildgewässer. Mit ein wenig Glück und offenen Augen treffen wir schon nach wenigen Metern einen seltenen bunten Gesellen - den Eisvogel. Manchmal muss er sein Revier mit dem Menschen teilen, denn die Kleine Kyll ist ein Eldorado für die Fliegenfischerei. Auch hier lohnt es sich, dieser besonders sportlichen Variante des Angelns bei Gelegenheit ein wenig zuzusehen.

Auffallend sind die zahlreichen moosbedeckten, meist kugelförmigen Gesteinsbrocken rechts im Hang. Es handelt sich dabei um ehemals gefährliche Geschosse, sogenannte „Lavabomben", die vom Mosenberg in grauer Vorzeit hier herabgeregnet sind. Dann biegt der Vulkanweg nach rechts ab. Ab hier vereinigt er sich vorübergehend mit dem „Ardennen-Eifel-Rundweg" (16), der uns in die „Wolfsschlucht" führt, wie der untere Teil des Horngrabens im Volksmund genannt wird. Eine Informationstafel bei der Sitzgruppe klärt über die lokalen Besonderheiten auf (die wir bereits aus dem Internet kennen). Der enge Talkessel ist übersät von einem bizarren Gewirr von Basaltsäulen und -blöcken. Der schmale Weg führt uns hinauf in das immer enger zulaufende Tal. Hier ist Trittsicherheit nötig, denn der feuchte, moosige Untergrund ist schlüpfrig. Über die Basaltkaskaden stürzt im Frühjahr oder nach ergiebigen Regenfällen ein tosender Wildbach vom höher liegenden Horngraben hinunter ins Tal der Kleinen Kyll. Dieser aufregende Anblick erinnert unwillkürlich ein wenig an die dramatischen Ereignisse vor 30 000 Jahren.

Nachdem wir das Wildwasser sicher auf dem schmalen Holzsteg überquert haben, geht es ein kurzes Stück steil bergauf. Der Wanderstock erweist sich hier als sehr nützlich. Oben angekommen, verschnaufen wir kurz auf der Sitzbank und genießen noch einmal die andere Perspektive der wildromantischen Kulisse, die gut in jede Wildererszene eines Heimatfilms passen würde. Dann marschieren wir auf dem nun wieder breiter werdenden, leicht ansteigenden Wanderweg nach Westen durch den Horngraben. Das eben noch wilde Gewässer zeigt sich hier oben als friedlich murmelnder Bach. Im Frühjahr bedeckt vielfältige Blütenpracht die Wiesen auf beiden Ufern und bis in den Mai hinein blühen hier oben noch die Wildkirschbäume.

Die Wolfsschlucht mit ihren Wasserkaskaden queren wir über einen hölzernen Steg

Wir wandern auf dem weichen Boden wie auf einem Teppich. Weil der Untergrund oft feucht ist, sind wasserfeste Schuhe mit guter Profilsohle unbedingt anzuraten. Vom einst rotglühenden Lavastrom künden nur hin und wieder schwärzlich graue Felsbrocken, um die sich dichte Hecken und vereinzelte Baumgruppen drängen und weiter oben hat sich ein kleines Wäldchen gebildet. Hier, am Fuß des Vulkankegels, weisen nun die Wegweiser den kaum zu verfehlenden Weg zum Gipfel des Mosenberg. Er verläuft im wesentlichen auf dem selben Weg, wie einst die feurigflüssigen Lavamassen. Für Wanderer, die zwischendurch verschnaufen möchten, bieten die aufgestellten Bänke Gelegenheit dazu. Auf dem Gipfel angekommen, genießen wir die phantastische Rundumsicht auf die Eifellandschaft, bei schlechtem Wetter in der geräumigen Gipfelhütte (517 m ü. N. N.). Die mitgebrachten Erfrischungen aus dem Rucksack sind die verdiente Belohnung für den Aufstieg, denn immerhin haben wir über 220 Höhenmeter seit dem Tal der Kleinen Kyll bis hierher überwunden. Der Abstieg erfolgt auf der gegenüberliegenden Seite durch den Wald vorbei am idyllisch gelegenen Grillplatz zum nächsten Höhepunkt unserer Tour, zum bizarren Kraterrand des Windsborn. Das Gipfelkreuz über dem blauschimmernden Kra-

tersee ist eines der beliebtesten Fotomotive der Vulkaneifel. Von hier hat der Wanderer auch eine der schönsten Panoramaaussichten der Eifel.
Aber auch das Gewässer und vor allem seine Uferzone sind sehens- und erlebenswert. Der einzige Bergkratersee nördlich der Alpen steht aus guten Gründen unter besonderem Schutz. Jeglicher Eintrag von Fremd- oder Schadstoffen in das von Natur aus nährstoffarme Gewässer, das weder Zu- und Abfluss besitzt, könnte die unter Schutz stehende Vegetation in der Verlandungszone (Fieberklee, Sumpfblutauge u. a.) gefährden. Wegen der geringen Wassertiefe und der Einmaligkeit des Biotops ist Angeln und Baden im See untersagt. Mit ein bisschen Glück können wir die Ringelnatter bei ihrer geschickten Jagd auf Frösche oder kleine Fische im Uferbereich beobachten. Diese schön gezeichnete und für uns völlig harmlose Schlange ist übrigens eine hervorragende Schwimmerin. Aus Unwissenheit geraten Menschen bei ihrem Anblick immer wieder in Panik oder werfen mit Steinen oder Stöcken nach ihr.

Das Kreuz am Rand des Windsborn-Kraters ist ein beliebtes Fotomotiv

Am nordwestlichen Ausläufer des Mosenberg stoßen wir auf die Verbindungsstraße von Manderscheid nach Bettenfeld, unserem nächsten Ziel. Seit über 15 Jahren unterhält das Institut für Biologie der Universität in Koblenz die Biologisch-Ökologische Station in dem kleinen Eifelflecken. Schüler und Studenten können hier direkt vor Ort am Naturschutzgebiet Mosenberg die Pflanzen- und Tierwelt der Region kennen lernen.
Wir durchqueren den Ort auf der „Mosenbergstraße". Die meisten landwirtschaftlichen Betriebe beiderseits der Straße wurden in den vergangenen Jahren aufgegeben. Einige Wohnhäuser und Stallgebäude wurden zu schmucken Domizilen umgebaut. Hin und wieder ist auch Leerstand und Verfall zu sehen. Die seit Jahren anhaltende Land-

Ein großer Teil des Meerfelder Maares wurde trockengelegt

flucht ist hier allenthalben spürbar. An der Dorflinde in der Ortsmitte biegen wir nach rechts in den „Kirchweg". Das Gotteshaus „St. Johannes der Täufer" hat eine wechselvolle Geschichte zu erzählen. Im heutigen Saalbau aus dem Jahr 1777 weist wenig auf die frühere, mittelalterliche Kirche hin. Die stürzt 1757 plötzlich in sich zusammen. Nur der Turm blieb stehen. Der kleine Dorffriedhof mit dem Gedenkkreuz für die Gefallenen der Weltkriege und dem hübsch restaurierten Wohnhaus aus dem Jahr 1680 links neben der Kirche verleiht dem Örtchen eine Spur „Eifelromantik".

Wir folgen den Wegemarkierungen des Eifelvereins auf dem Vulkanweg am Ende des Kirchwegs zunächst nach links und gleich wieder nach rechts dem „Fußweg nach Meerfeld", dem nächsten Etappenziel. Bei der kleinen Sitzgruppe am Ortsrand wandern wir nach links durch die Viehweiden ins Tal auf dem alten Fahrweg hinunter nach Meerfeld.

Vom Mittelalter bis 1880 ist Meerfeld Bestandteil der Pfarrei Bettenfeld. Das Erzvorkommen und die Eisenschmelzen in Meerfeld sind begehrte Objekte und sorgen im Laufe der Geschichte für allerhand Streitigkeiten. Heute streitet man sich am Stammtisch der Fischer höchstens noch um die tatsächliche Länge des größten Hechtes, der im Meerfelder Maar sein Unwesen treiben soll.

Das Meerfelder Maar entstand vor ungefähr 29 000 Jahren, also fast gleichzeitig mit der Entstehung des Mosenberg-Vulkans, dessen Gipfel 180 Meter über der tiefsten Stelle des Sees liegt. Die Wasseroberfläche bedeckt heute nur etwa ein Drittel der Grundfläche des fast kreisrunden Maarkessels. Mit einem Durch-

messer von 1500 m wird er an Größe nur noch vom Laacher See übertroffen. Die Wasserzufuhr übernehmen zwei Quellbäche am Südwestrand des Kraters. Der Abfluss erfolgt durch den Meerbachgraben hinunter zur Kleinen Kyll.
Beide Seen erleben Mitte der 70er Jahre eine ähnliche Entwicklung, die fast zu einer ökologischen Katastrophe geführt hätte. Ungeklärte Abwässer aus Haushalten, touristischen Einrichtungen und insbesondere aus der Landwirtschaft sorgen für eine Überdüngung der Gewässer. Die blühenden Seerosenteppiche täuschen, denn das Leben im trüben Wasser ist nur noch ein Todeskampf. Fische treiben tot an der Wasseroberfläche zwischen wuchernden Algen. Der See droht „umzukippen". In letzter Sekunde gelingt es, durch gesetzgeberische und technische Radikalmaßnahmen den Öko-GAU zu verhindern.
Heute reden die Meerfelder lieber über andere Themen. 1995 Sieger im Wettbewerb um die schönsten Dörfer von Rheinland-Pfalz beherbergen seine knapp 360 Einwohner jährlich gut 30 000 Gäste! Ökologie und Ökonomie scheinen zueinander gefunden zu haben.
Wir haben den Vulkanweg bei der Kirche verlassen. Acht Kilometer Wegstrecke haben wir etwa hinter uns. Auf dem Dorfplatz vor dem „Brunnenstübchen" lockt ein freier Tisch und bei einem kühlen Glas Weizenbier studieren wir die Wanderkarte. Zwei interessante Varianten, den Maarsee zu umrunden, bieten sich an.

Die Kleine Kyll gehört zu den weitgehend naturbelassenen Gewässern der Eifel

Variante 1 „GEO-Tour"

Auf dem Vulkanweg geht es weiter steil bergauf und am östlichen Kraterrand entlang zum Aussichtsturm „Landesblick". Hier erwartet uns bei guter Sicht ein grandioser Rundumblick bis in den Hunsrück hinein. 500 m hinter dem Aussichtsturm verlassen wir den Vulkanweg nach Süden und wandern oberhalb des Steilhangs in südwestlicher Richtung bis zur ersten Möglichkeit, nach links abzubiegen. Wieder queren wir den Steilhang, nun in östlicher Richtung (GEO-Lehrpfad / 42). Nachdem wir etwa ein Drittel des Kraters umrundet haben befinden wir uns auf dem östlichen Kraterrand. Von hier geht es nach Süden hinunter zum Meerbach. Die etwa 6 Kilometer lange Variante verlangt ein wenig Kondition. Belohnt werden wir durch die zahlreichen Fotomotive in einer grandiosen Vulkanlandschaft.

Variante 2 „BIO-Tour"

Vom Dorfplatz wandern wir gemütlich durchs Dorf mit seinen hübschen Häusern Richtung Seeufer. Auf dem Seeuferweg (41) umrunden wir den Maarsee. Immer wieder bleiben wir stehen, um das Seeufer oder die Steilhänge mit dem Fernglas nach seltenen Vögeln abzusuchen. Wenn nicht gerade ein Kegelclub oder eine Schulklasse den gleichen Weg gewählt haben, gibt es einiges zu sehen. Auch das Treiben der Angler kann mitunter ganz spannend sein. Natürlich kennen sie alle den sagenhaften Hecht, hatten ihn schon fast im Kescher... 2 $^1/_2$ Kilometer dauert die moderatere Variante, die mitunter auch philosophische Erfahrungen mit dem „Eifler an sich" zulässt.

Am rechten Ufer des Meerbachs geht es nun 2 Kilometer talwärts (45 / 35). Interessant ist die Passage über den „Ratzgraben". Hier schießt im Frühjahr ein Sturzbach durch die Schlucht und stürzt im freien Fall, unmittelbar neben der kleinen Holzbrücke, über die unser Weg verläuft, hinunter in den Meerbach. Wieder im Tal der Kleinen Kyll angekommen, geht es zunächst auf der Teerstraße (K 10) nach rechts Richtung Manderscheid weiter. Auch wenn sich der Autoverkehr hier in Grenzen hält, ist Vorsicht geboten. Dann stoßen wir auf die quer verlaufende Landstraße (L 16), die von Bettenfeld kommend hier die Kleine Kyll überquert und auf der anderen Seite hinauf nach Manderscheid führt. Wir müssen ihr noch ein kurzes Stück folgen. Dann entdecken wir in einer unübersichtlichen Kurve am gegenüberliegenden Straßenrand den Wegweiser zur „Heidsmühle". Ein schmaler Pfad (35 / 20) führt uns steil hinunter in den Flussgrund. Über einen Bohlendamm durchqueren wir die feuchten Wiesen. Das gegenüberliegende Ufer erreichen wir über einen abenteuerlichen Holzsteg. Das gehört eben zu einer zünftigen Spurensuche in der Eifel! Uns wird wieder einmal deutlich vor Augen geführt, wie schwierig die Passage der „Arduenna silva" ist, wenn es einmal keine festen Straßen und Brückenkonstruktionen gibt.

Links geht es weiter, immer dem Lauf der Kleinen Kyll folgend. Die letzten 1000

Meter bis zum Ausgangspunkt unserer Tour genießen wir noch einmal das Vogelparadies in diesem herrlichen Tal. Dann tauchen die Außenanlagen der Heidsmühle auf. Hier kehren wir ein und lassen uns gerne vom freundlichen Personal verwöhnen, bevor wir uns auf dem Heimweg machen.

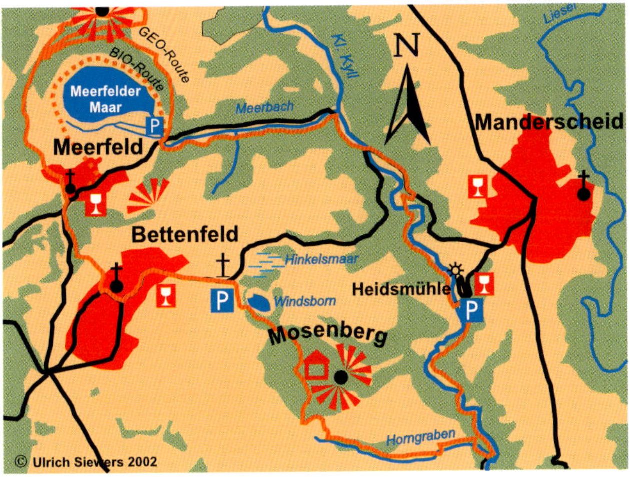

Start / Ziel: Parkplatz am Hotel-Restaurant „Heidsmühle" bei Manderscheid

Distanz: 18 Kilometer (Variante 1), 14,5 Kilometer (Variante 2)

Schwierigkeitsgrad: leicht, Kondition vorausgesetzt

Besonderheiten: Möglichkeit der Besichtigung des Maarmuseums in Daun nach Beendigung der Tour

Einkehrmöglichkeit: Hotel-Restaurant „Heidsmühle" bei Manderscheid

Anfahrt:
aus dem Raum Ruhrgebiet / Köln / Aachen: Autobahn A 61 – Anschlussstelle Mendig – Bundesstraße B 262 – Richtung Trier – Autobahn A 48 Richtung Trier – Anschlussstelle Manderscheid – in Manderscheid der Ausschilderung im Kreisverkehr Richtung Eifelklinik / Heidsmühle folgen
aus dem Raum Koblenz /Süddeutschland / Saarland: Autobahn A 48 / A 1 – Anschlussstelle Manderscheid – in Manderscheid der Ausschilderung im Kreisverkehr Richtung Eifelklinik / Heidsmühle folgen

Information: Wanderkarte des Eifelvereins 1 : 25.000 Nr. 20 „Daun – Rund um die Kraterseen"

Die Aura des Totenmaars hat zahllose Künstler und Dichter inspiriert

Ein Blick in die Augen der Eifel

Auf den Spuren der Geheimnisse der Dauner Maare

"Augen der Eifel" nannte die Eifelautorin Clara Viebig die kreisrunden Maare. Kaum treffender als mit diesem literarischen Vergleich lässt sich die herbe Schönheit und Einzigartigkeit der Landschaft rund um die Dauner Maare beschreiben. Weniger poetisch definiert der Naturwissenschaftler Alexander von Humboldt in seinem 1858 erschienenen Werk „Kosmos" Maare als „kesselförmige Einsenkungen in nicht vulkanischem Gestein und von wenig erhabenen Rändern umgeben, die sie selbst gebildet." Auch er hat die Dauner Maare auf seinen Reisen besucht und war von ihrem Anblick auf seine Art fasziniert.
Dabei bilden sich die Maarseen während einer keinesfalls romantischen Erdepoche. Neuesten Erkenntnissen zufolge verdanken die drei (eigentlich vier) Maare ihre Entstehung durch das Zusammentreffen von über 1.000° C glühend heißer Magma mit grundwasserführenden Schichten in 300 - 500 Metern Tiefe vor

ungefähr 20.000 bis 30.000 Jahren. Mit annähernd der Kraft von Atombomben werden dabei große, oft nahezu kreisrunde Explosionstrichter in das anstehende Gebirge gesprengt und Gesteinsmassen kilometerweit in die Maarumgebung geschleudert. Das Dach der entleerten Explosionskammer stürzt ein und füllt sich später mit Grund- und Regenwasser. So entsteht zunächst das heute verlandete östliche Schalkenmehrener Maar, danach das westliche, das größte der Dauner Maare. Knapp 750 Jahre später knallt es erneut und das Gemündener Maar wird geboren, weitere 250 Jahre danach das Weinfelder Maar (Totenmaar). Die Altersbestimmung ist anhand gefundener Blütenpollen für Fachleute kein großes Problem.

Seitdem ranken sich Sagen und Mythen um die als ertrunkene, blaue, grüne oder schwarze Augen der Eifel bezeichneten Maarseen. Insbesondere das Weinfelder Maar, das auch Totenmaar genannt wird, beflügelt die Sinne der Menschen. Zum einen ist die Rede von dem Schloss auf dem Grund des Sees, zum anderen soll Pilatus im See aus Verzweiflung Selbstmord begangen haben.

Zahllose Künstler sind von der Aura des Totenmaars fasziniert. Maler wie Max Ernst, Fritz von Wille und Pitt Kreuzberg halten sie in Bildern fest. Dichter und Romanschreiber, natürlich auch der Krimiautor Jacques Berndorf, erliegen dem Reiz des kleinen Sees mit der einsamen St. Martins-Kapelle und dem Friedhof daneben. Sie ist der einzige Überrest des Dorfes Weinfeld, der noch für das Jahr 1512 urkundlich belegt ist. Die Weinfelder sterben an den Folgen der Pest oder wandern aus.

Wir wollen an diesem Herbstmorgen selbst erleben, was die Faszination dieser Landschaft ausmacht. Unseren Pkw haben wir auf dem großen Parkplatz am Weinfelder Maar stehen gelassen. Es ist noch früh und die Tagestouristen, die ganzjährig zu den Dauner Maaren strömen, sitzen sicher noch beim Frühstück. Am oberen Seeufer verläuft der Vulkanwanderweg des Eifelvereins (13), auf dem wir nun nach Süden marschieren. Der See liegt um diese Zeit noch im Schatten. Es herrscht Ruhe. Nur das Schnattern einer Wildente dringt vom Uferstreifen herauf. Zügig umrunden wir den südlichen Rand des Maares und folgen dem gut markierten Pfad am Fuß des Mäuseberges quer durch die Ginsterbüsche ins Tal nach links. Der Blick von hier oben reicht weit ins hügelige Land der Vulkaneifel. Ihre herbe Schönheit wird durch das Spiel von Licht und Schatten verstärkt, das die morgendliche Sonne mit den tief fliegenden Wolken treibt. Zügig geht es an den Hecken entlang hinunter zum dunklen Fich-

Gesundheitsbewusste Wanderer schätzen das eisenhaltige Wasser der Mineralquelle

tenwald. Im Talgrund erwartet uns eine landschaftstypische Besonderheit. Dem Wegweiser folgend, finden wir nur wenige Schritte links vom Wanderweg eine Mineralquelle. Der Boden um sie herum ist rostrot gefärbt. Im klaren, kohlesäurehaltigen Wasser ist u.a. Eisen enthalten, das in Verbindung mit demSauerstoff der Luft schnell oxidiert. Auch im Geruch und im Geschmack ist der Eisengehalt des köstlich erfrischenden Wassers deutlich festzustellen. Es hat einen langen Weg aus der heißen Tiefe des Vulkangesteins durch Klüfte und Spalten hinter sich. Auf diesem Weg nimmt es allerlei Mineralien und Spurenelemente auf, die seinen unverwechselbaren Charakter prägen.

Auf dem Vulkanweg geht es weiter talwärts in westlicher Richtung, bis wir auf den quer verlaufenden „Lieserpfad“ stoßen. Wir folgen ihm nach rechts (5). Der Weg führt durch den Mischwald langsam steigend zum nächsten Ziel, dem Gemündener Maar.

Am Waldcafé lockt verführerisch der Duft frisch gebrühten Kaffees zur kurzen Einkehr. Im Sommer ist der Ort stets gut besucht. Der Maarsee wird gern als Freibad genutzt. Außerdem gibt es auch noch einen Bootsverleih. Nicht jeder Besucher des Gemündener Maares erfährt die Ehre, dass man ihm gleich einen Gedenkstein setzt. Manche sind allerdings etwas Besonderes: Vor dem Waldcafé erinnert ein Basaltblock an den preußischer Generalfeldmarschall Helmut Graf v. Moltke (1800-1891), der hier am 26.10.1847 seinen 47. Geburtstag feierte.

Gleich neben diesem Gedenkstein führt unser Wanderweg hinauf auf den Mäuseberg. Weil der Besuch des Aussichtsturms (Dronke-Turm) auf dem Gipfel des Mäuseberg (561 m) unbedingt zu den „Pflichtübungen“ geführter Wanderungen gehört, reizt er uns wenig. Nach einer Spitzkehre verlassen wir den Wanderweg nach rechts. Wir wandern ein Stück am Waldrand entlang in ein buschiges Gelände. Zu unserer Überraschung stellen wir fest, dass beiderseits des Pfades künstlich errichtete Terrassen liegen. Mauerreste erinnern an einst gepflegte Weinberge. Sind wir auf Siedlungsspuren früherer Jahrhunderte gestoßen? Steht der alte Ortsname Weinfeld mit den Terrassenfeldern im Zusammenhang? Während wir noch diskutieren, stoßen wir am Ende des Heckengeländes wieder auf den Vulkanweg und Augenblicke später stehen wir wieder auf dem südlichen Kraterrand des Totenmaars. Das Wechselspiel der Wolken und des Lichts verändert die Far-

Auf den Spuren der Vulkane

Im Herbst liegt Stille über dem Gemündener Maar

Vom einstigen Weinfeld ist nur noch das Kirchlein übrig geblieben

be der Wasseroberfläche ständig. Mal erscheint sie schwarz, mal goldfarben und Sekunden später vergissmeinnichtblau. Es ist wirklich ein faszinierender Anblick!
Die kleine Kirche von Weinfeld ist unser nächstes Ziel. Eingerahmt von alten Bäumen bewacht sie die Ruhe der Toten. Wir betreten den von einer Mauer umgebenen Ort der Stille und des Gedenkens. Seit jeher ist er das Ziel ungezählter Beter, Pilger und Touristen. In ihrer schlichten Beschaulichkeit zieht die Kapelle jeden in ihren geheimnisvollen Bann und lässt Gedanken über den Sinn menschlichen Lebens und der Frage nach dem "Danach" breiten Raum. Bereits im kleinen Vorraum künden zahlreiche Votivtäfelchen vom tief empfundenen Vertrauen in die „Mutter der Sieben Schmerzen“, das immer wieder zur Lösung scheinbar auswegloser Lebenssituationen geführt hat. Man muss kein überzeugter Kirchgänger sein, um die Besonderheit dieses Ortes zu spüren.
Die Ursprünge des Kirchleins liegen im Dunkeln. Wie Funde aus dem 19. Jahrhundert belegen, besaßen die Römer bereits an dieser Stelle oder in ihrer unmittelbaren Umgebung eine Kultstätte. Der niedrige Westturm und der quadratische kreuzrippengewölbte Chor aus dem 14. Jahrhundert sind gotisch, das zweiachsige, flachgedeckte Schiff stammt aus dem Jahre 1723. Es ist auch nicht die kulturhistorische Bedeutung des Kirchleins, die es so wertvoll macht, sondern sein Platz in den Herzen derer, die mit Sicherheit wiederkommen werden.

Start / Ziel: Parkplatz am Weinfelder Maar

Distanz: 6,5 Kilometer

Schwierigkeitsgrad: leicht

Einkehrmöglichkeit: Waldcafé am Gemündener Maar

Anfahrt:
aus dem Raum Ruhrgebiet / Köln / Aachen: Autobahn A 61 – Anschlussstelle Mendig – Bundesstraße B 262 – Richtung Trier – Autobahn A 48 Richtung Trier – Autobahndreieck Vulkaneifel A 1 – Anschlussstelle Daun – der Ausschilderung „Dauner Maare“ folgen
aus dem Raum Koblenz /Süddeutschland / Saarland: Autobahn A 48 Koblenz – Trier – Autobahndreieck Vulkaneifel A 1 – Anschlussstelle Daun – der Ausschilderung „Dauner Maare“ folgen

Information: Wanderkarte dcs Eifelvereins 1 : 25.000 Nr. 20 „Daun – Rund um die Kraterseen“

Tipp: Unterkunft und kulinarisches Erlebnis bietet Kucher's Landhotel in Darscheid (gleich an der Autobahn-Anschlussstelle Daun)

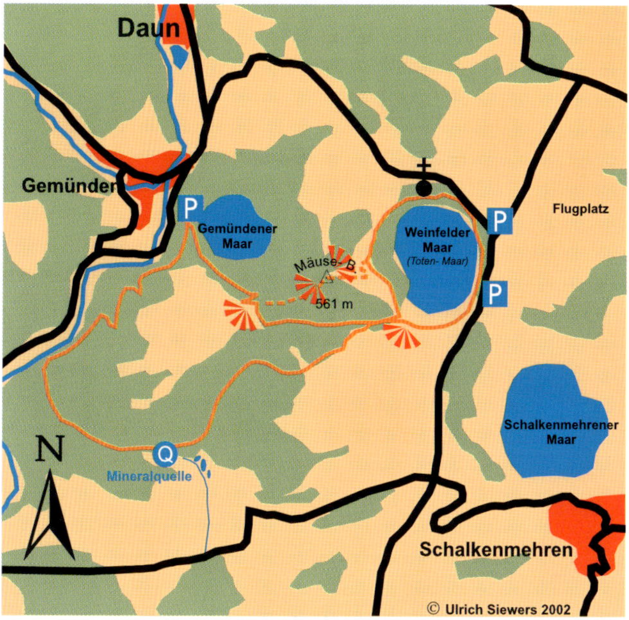

Kapitel 5

„Verlorene Bäche“ und ein „sinkender Berg“

Spurensuche in den Kalkmulden bei Prüm und Dollendorf

Wissenswertes

Bereits die Römer siedelten bevorzugt in den Gebieten rund um die bekannten Eifeler Kalkmulden bei Nettersheim, Blankenheim und Prüm. Gute Böden, mildes Klima und relativ wenig Niederschläge zeichnen diese Teillandschaften aus. Mit ihrer bemerkenswerten, artenreichen Tier- und Pflanzenwelt haben sie den Namen Kalkeifel geprägt. Landschaftstypisch sind die kleinen Täler, die sanften Hügel und flach gewellten Ebenen. Die Täler werden überwiegend ackerbaulich genutzt oder bestehen aus Streuobstwiesen. Sogar Wein wird auf eigens geschaffenen Terrassen angebaut. Auf den ehemals bewaldeten Hügeln, die nach ihrer Rodung von Schafen beweidet werden, sind ökologisch wertvolle Trockenrasen entstanden. Hier wachsen wärmeliebende Pflanzen, welche auf den wärmespeichernden Kalkböden ideale Bedingungen finden.

Ein weiteres Merkmal der Kalkeifel sind ergiebige Grundwasservorkommen mit starken Quellschüttungen. Hier sind insbesondere die Erftquelle in Holzmühlheim (bei Nettersheim) und die Ahrquelle in Blankenheim zu nennen. Aus diesen sogenannten „Verwerfungsquellen“ treten Grundwasserströme zutage, die Bestandteil eines großartigen unterirdischen Systems von Seen und Wasserläufen sind. Wenn eine Verwerfung im darunter liegenden wasserundurchlässigen Gestein (z.B. Schiefer oder Ton) das Wasser staut, entsteht starker Druck. Der lässt die anstehenden Wassermassen nach oben steigen, wo sie sich sprudelnd an der Oberfläche ergießen.

Typischer Bestandteil der Eifler Kalkmulden sind charakteristische Verkarstungserscheinungen. Verkarstungen treten auf, wenn sich der Kalk des Untergrundgesteins über die Jahrhunderte und Jahrtausende im Wasser auflöst und dadurch Hohlräume entstehen. Solche Hohlräume können auf verschiedene Weise in Erscheinung treten.

Aufmerksame Wanderer und Naturbeobachter erleben immer wieder, dass z. B. ein Bach plötzlich im Erdboden verschwindet. Er tritt dann meist an anderer Stelle wieder aus, entweder im selben Bachlauf oder als stark schüttende Quelle an einem ganz anderen Ort. Mythen und Sagen weben sich um diese „Verlorenen

Sprudelnd tritt das Wasser der Erftquelle ans Tageslicht

Bäche“. Manchmal kommt es auch zu seltsamen, kraterförmigen Einbrüchen in der Erde. In Dollendorf bei Blankenheim soll sogar ein ganzer Berg langsam im Boden versinken.
Diese Phänomene und Geschichten bilden den Hintergrund zu unserer Spurensuche.

Nützliche Adressen:

Tourist-Information Prümer Land
Haus des Gastes
Hahnplatz 1 · D-54595 Prüm
Tel. (0 65 51) 505 oder 94 32 07 · Fax (0 65 51) 76 40
E-mail: ti-pruem@t-online.de

Bürger- und Verkehrsbüro Blankenheim
Rathausplatz 16 · D-53945 Blankenheim
Tel. (02449) 87 22-2 bis -4 · Fax (02449) 873 03
E-mail: verkehrsbuero@blankenheim-ahr.de

Tourist-Information Hillesheim
Graf-Mirbach-Strasse 2 · D-54576 Hillesheim
Tel.: (06593) 80 92 00 · Fax: (06593) 80 92 01
E-mail: touristinfo.hillesheim@t-online.de

Ruine Schönecken mit
Vogtshaus und Schlosskapelle

Wo Bäche verschwinden und Steine wachsen

Lehrreiche Rundwanderung durch das Naturschutzgebiet „Schönecker Schweiz“

Nur wenige kennen dieses landschaftliche Kleinod im Prümer Land, das schwärmerisch als „Schönecker Schweiz“ bezeichnet wird. Bereits im Eifelführer von 1906 wird die Schönheit dieser abgelegenen Gegend unter diesem Namen gerühmt. Ob sich diese Bezeichnung auf die glücklichen Kühe bezieht, die zwischen den sanften Hügeln weiden, oder auf die unzähligen Felsmauern in den umliegenden Wäldern - wer weiß.

Über die Bundesstraße B 410 aus Gerolstein kommend sind wir hinter Büdesheim nach links abgebogen, der Ausschilderung Schönecken gefolgt. Etwa zwei Kilometer hinter Wallersheim haben wir unseren Pkw an der Schutzhütte am Waldrand rechts der Landstraße stehen gelassen.

Gleich hinter der Wegschranke tauchen im Buchenwald des sogenannten „Walbert“ mauerartige Gesteinsformationen auf. Beim näheren Hinsehen können wir unschwer erkennen, dass es sich dabei um die Überreste eines Korallenriffs handelt. Vor vielen Millionen Jahren war dieses Gebiet von einem tropischen Meer bedeckt. Riesige Haie jagten zwischen den Korallentürmen nach Kopffüßlern und anderen Meeresbewohnern. Übrig geblieben sind die zu Stein gewordenen Überreste der Unterwasserflora und -fauna aus dieser Zeit in Form von zahllosen Fossilien, die oft dem Wanderer wortwörtlich zu Füßen liegen. Wir wandern mitten durch das alte Riff, das von einem Bach durchschnitten wird. Der bei jedem Wetter gut begehbare Wanderweg (2) ist vorbildlich markiert. Der Abstieg in die Bachschlucht ist zusätzlich durch ein Geländer gesichert. Über einen Holzsteg gelangen wir über das meist ausgetrocknete Bett des Eisenbachs auf das gegenüberliegende Ufer. Nach einem kurzem Anstieg erreichen wir einen Waldrand, dem wir in nördlicher Richtung folgen. Auf dem nächsten Querweg zeigt der Wegweiser nach links zum nächsten Zwischenziel, der Hohl-Lay. Zunächst geht es bergab in den Talgrund. Auf dem mit Magerrasen bedeckten Hang blühen im Mai und Juni seltene Orchideenarten. Wir überqueren den asphaltierten Wirtschaftsweg und wandern am Waldrand entlang weiter talwärts.

Im Sommer führt der Bach nur selten Wasser, denn wie bei vielen anderen Gewässern der Kalk-Eifel verschwindet er durch Klüfte im Kalkgestein in tiefere Erdzonen (Bachschwinden, Verkarstung). Im Eifler Volksmund nennt man diese Gewässer deshalb auch „Verlierbäche“.

Wir folgen dem Tal nach Südwesten. Die Vegetation ist hier besonders artenreich. Im Frühjahr gedeihen überall Schlüsselblumen. Buschwindröschen und Hohler Lerchensporn blühen im Schutz des Hangwaldes. Ab und zu begegnen wir dem seltenen Seidelbast. An manchen Stellen im Buchenwald duftet es im Frühjahr intensiv nach Knoblauch. Dieser stammt von den ausgedehnten Bärlauchwiesen, die mit ihren weißen Blüten den Boden bedecken. Im Spätsommer leuchten überall im Unterholz die rotglänzenden Früchte des giftigen Aaronstabs. Natürlich stehen all diese Pflanzen hier unter Naturschutz!

Eine Hinweistafel am Wegrand markiert den Aufstieg zur Hohl-Lay. Wie bereits aus dem Namen hervorgeht, handelt es sich um eine Felsformation, in der sich zahlreiche Hohlräume befinden. Es handelt sich dabei um sogenannte Spalt- oder Klufthöhlen, wie wir sie in diesem Teil der Eifel häufig finden. Bei den oft bizarren Gebilden an den Felswänden im Bereich dieser Höhlen handelt es sich nicht um versteinerte Fossilien, sondern um Kalksinterablagerungen. So wächst im Laufe der Jahre aus dem im Wasser gelösten Kalkgestein, das an Pflanzen oder Moosen Kristalle bildet, eine neue Steinstruktur, die oft ganze Felspartien entstehen lässt (z. B. Wasserfall bei Nohn). Für den Wanderer unzugänglich beherbergen die Löcher und Klüfte der Hohl-Lay allerlei Fledermausarten sowie diesem dunklen Lebensraum angepasste Insektenarten wie die Höhlenspinne, eine Verwandte der Kreuzspinne. Außerdem gedeihen im Schatten der Dolomitwände Tüpfel- und Streifenfarn.

Zurück auf dem Wanderweg (2) begleiten wir die Windungen des ausgetrockneten Baches. Die Auswaschungen an den Uferböschungen beweisen, dass er sich nach starken Regenfällen ganz plötzlich in ein reißendes Gewässer verwandeln kann. Gegen derartiges Wetter findet der Wanderer vorübergehend Schutz in den gemütlichen Hütten am Wegesrand.

Kurze Zeit später stoßen wir auf den „Karolingerweg" (Hauptwanderweg 15 des Eifelvereins), auf dem wir hinunter zur „Meyersruh" gelangen. Hier mündet unser Trockental in den Schalkenbach, der ebenfalls im Sommer nur sporadisch Wasser führt. Das Kreuz der St. Matthias - Bruderschaft aus Erkelenz, gleich neben einer Ruhebank, markiert die Stelle, wo sich der von Norden kommende „Willibrordusweg" (Hauptwanderweg 5) mit dem „Karolingerweg" vereint.

Immer wieder begegnen wir an dieser Stelle ganz besonderen „Wanderern". Es handelt sich dabei um Pilger aus dem niederrheinischen Raum, die traditionell seit über 850 Jahren zum Apostelgrab des Heiligen Matthias nach Trier unterwegs sind. Von Hellenthal auf dem Matthiasweg kommend sind sie bei Ormont auf den Willibrordusweg gestoßen, dem sie nun in südlicher Richtung folgen.

Der Genuss der leuchtenden Beeren des Schneeballs ist für Menschen problematisch

Wir haben an dieser markanten Wegekreuzung die Wahl. Folgen wir dem vielbegangenen Hauptwanderweg nach links weiter talwärts, erhalten wir im Zuge des „Botanischen Lehrpfades" interessante Informationen über die Flora und Fauna der „Schönecker Schweiz". Wir wählen als Alternative den einsameren Weg geradeaus, überqueren den Schalkenbach über den Holzsteg und gelangen am anderen Ufer auf einen grasbedeckten Pfad (1), dem wir nach links talwärts folgen. Im Gegensatz zum Hauptwanderweg verläuft er überwiegend in der Sonne. Auffallend sind die gepflegten Bänke am

Weg, die immer wieder zur kurzen Rast verführen, um die Besonderheiten der Landschaft zu genießen. Die hochstaudenreichen Talwiesen werden mitunter von mächtigen Felsmauern begrenzt, an deren steinernen Hängen sich manche Baumarten als reinste Kletterkünstler beweisen. An anderen Stellen werden die Wiesen von den Bauern genutzt und sind von hohen Bärlauch-Buchenwäldern umgeben. Hinter jeder Biegung des Tals versteckt sich ein neues Landschaftsbild. Am Wegrand blüht im Frühjahr die Mehlbeere, deren schwarzrote Beeren im August bunte Akzente setzen.
Vereinzelt blüht dann auch der blaue Eisenhut, eine alte Arzneipflanze, die jedoch wegen des in ihr enthaltenen Gifts besser gemieden wird. Frische Fährten am Boden verraten dem Kenner, dass das Wild sich in unmittelbarer Nähe zu uns aufhält. An ruhigen Wochentagen begegnen wir ihm hier mit großer Wahrscheinlichkeit früh morgens oder am späten Nachmittag.
Bei der Furt gelangen wir auf die andere Seite des Schalkenbachs, der wieder einmal „verschwunden“ ist. Die trichterförmige schlammige Vertiefung rechts der Steine, die den Boden der Furt bedecken, markiert eine der Stellen, wo das Wasser ähnlich wie in der Badewanne zuhause, seinen Abfluss gefunden hat. Kurze Zeit später erreichen wir das Nimstal und das Örtchen Schönecken.
Die Nims ist eines der bekanntesten Forellengewässer der Eifel. Das klare, kalkreiche Gebirgswasser entspringt am Niesenberg, knapp acht Kilometer nördlich von Schönecken am Rand der Schneeeifel. Gespeist durch zahlreiche Schüttquellen ist ihr Wasservolumen bereits nach kurzer Zeit recht beachtlich. Die Wasserkraft wird schon seit Jahrhunderten genutzt, um Getreide und Ölfrüchte zu mahlen, Sägegatter anzutreiben oder Blasebalge und Pochwerke der Eisenindustrie. Heute sind die Mühlräder fast sämtlich verschwunden und damit auch zahlreiche Arbeitsplätze. Dass der Flecken Schönecken einst von Bedeutung war, bezeugen die Ruinen der Schlossanlage auf dem Fels hoch über dem Nimstal, unserem nächsten Ziel.
Am Wandererparkplatz mit der großen Sitzgruppe und der Übersichtskarte vorbei folgen wir im Ort der Hauptstraße nach links. Die kleinen Häuser mit den hübschen Bauerngärten finden kaum Platz zwischen der Straße und den Felswänden des Tals. Wir überqueren das trockene Bett des Altburger Bachs gegenüber der Tankstelle und verlassen nach etwa 300 Metern die Hauptstraße nach links. Eindrucksvolle Gebäude erheben sich am Hang unterhalb der Burgruine. Das markanteste von ihnen ist das alte Vogtshaus. Über der Ein-

gangstür steht die Jahreszahl 1588. Eine Tafel an der Wand des heute modern renovierten und als Seminarhaus genutzten Gebäudes gibt Auskunft über die Geschichte des Hauses. Gleich nebenan befindet sich das alte Haus Neis, das frühere Wohnhaus des Arztes. Zwischen den Gebäuden führt der Weg über eine steile Treppe hinauf zur Burgruine. Auf halber Höhe steht die alte Burgkapelle. Ist die Tür verschlossen, entschädigt uns das Umfeld der Kapelle auch so. Auf dem alten terrassenartigen Kirchhof mit seinen schattenspendenden Linden und der herrlichen Aussicht auf das Nimstal steht eine sehr schöne, historisch wertvolle Kreuzigungsdarstellung aus Sandstein. Hinter dem Kirchlein geht es auf schmalem Pfad in Serpentinen weiter hinauf zu den Häusern auf dem Burgberg. Ein Wegweiser zeigt uns den weiteren Weg auf die Bergspitze. Obwohl fast vollständig zerstört, erwartet uns eine imposante mittelalterliche Wehranlage.
Vermutlich um 1230 beginnt der Bau der Burg „Sconecke" oder „Bellecoste" (Bellacosta). Um 1246 oder 1247 wird berichtet, sind die Herren Albertus Magnus und Erzbischof Konrad von Hochstaden (Erbauer des Kölner Doms) längere Zeit Gäste des Hausherrn Graf Heinrich I. von Vianden, der sich später auch als Heinrich von Schönecken nennt. Gegen 1370 fällt die Burg an Luxemburg und wird von Kaiser Wenzel nebst den umliegenden Ortschaften im Jahre 1383 dem Erzbischof von Trier verpfändet, der ab 1384 hier seinen Wohnsitz nimmt. Die Trierer haben das Sagen bis 1794. 1802 wird die Burg und ein wesentlicher Teil des Dorfes ein Raub der Flammen. Was übrig ist, verkauft die französische Verwaltung auf Abbruch zum Wiederaufbau der zerstörten Wohnhäuser. Es bleibt kaum mehr übrig als zwei Turmrümpfe und ein paar Mauerreste.
Nach einem zünftigen Rucksackpicknick geht es weiter. Gleich hinter der Burg, an der großen Informationstafel, wählen wir den linken, grasbedeckten Weg (4), der in östlicher Richtung am Kammrücken des Burgbergs verläuft. Immer wieder ergeben sich zwischen den Schlehenhecken und Haselnusssträuchern, die unseren Weg säumen, phantastische Ausblicke ins Altburger Tal, dessen Flanken teils von Loheichenwald, teils von Magerrasen mit Wacholder- und Kieferninseln bedeckt sind. Dieses Tal ist das ganze Jahr über ein Eldorado für Naturfreunde und Hobbyfotografen. Wenn Küchenschellen und die Schlüsselblumen verblüht

Ganz vorsichtig anfassen – ein Schwalbenschwanz auf der Hand

Das Altenburger Tal zählt zu den interessantesten Naturschutzgebieten der Eifel

sind, bedecken im Mai zahlreiche Orchideen die kalkreichen Hänge. Und dann scheint die Blütenpracht plötzlich Flügel zu bekommen, denn hier treffen wir die buntesten Schmetterlinge unserer Heimat. Apollo- und Aurorafalter, Tagpfauenauge und Feuerfalter, Blutströpfchen und Bläuling heißen die Arten, die wir hier regelmäßig vorfinden. Der edelste und farbenprächtigste Falter ist der seltene Schwalbenschwanz. Die Begegnung mit ihm ist ein Erlebnis, das man so schnell nicht vergisst. Mit einer geeigneten Kamera und einem guten Makroobjektiv lassen sich diese phantastischen Naturerlebnisse dauerhaft dokumentieren.

In der Talsohle angekommen, gabelt sich der Weg. Wir halten uns links, überqueren das meist trockene Bett des Altenburger Bachs und gelangen auf den breiteren Weg am gegenüberliegenden Ufer, auf dem wir nun nach rechts in den Wald hinein talaufwärts wandern (3). Nach etwa 800 Metern wird der Weg immer schmaler. Mächtige Dolomitbastionen wachsen links im Hang empor. Ein kurzes Stück weiter zweigt ein schmaler Pfad scharf nach links zur Keltenburg hinauf. Die Natur hat hier Stufen aus Fels und Wurzeln geschaffen und ohne große Mühe erreichen wir nach dem Anstieg eine flache Mulde im Bergwald. Zunächst erinnert nichts an die historische Vergangenheit dieses Ortes. Ein Wegweiser führt uns an die Stelle, wo ein Erdwall parallel zu einem kaum wahrnehmbaren Graben verläuft. Erst als wir auf der Krone des Walls stehen und auf den Weg zurückschauen, den wir gekommen sind, erkennen wir deutlich

die Spuren einer von Menschenhand geschaffenen Veränderung der natürlichen Umgebung. Die Reste eines Wallgrabens sowie der markante Verlauf des einstigen Ringwalls zeugen von dem Ausmaß der Fluchtburg aus der Zeitenwende. Eine Informationstafel klärt uns über die Hintergründe auf. Unsere keltischen Vorfahren lebten vor 2000 Jahren alles andere als friedlich. Neben der Gefahr, die von den germanischen Nachbarn ausging, kam es häufig zu Streitigkeiten untereinander. Deshalb machte es Sinn, den natürlichen Schutz des felsigen Plateaus an einigen Stellen durch Steinwälle mit hölzernen Palisadenkronen zu verstärken und durch vorgelagerte Gräben zu sichern. Dahinter gab es reichlich Platz für die Familien und das bewegliche Hab und Gut. Wie die Archäologen herausfinden, wurde die Anlage am Ichter Berg nicht oder nur selten benutzt: Unsere keltischen Vorfahren hinterließen einfach zu wenig Müll!
Wir wandern in einem großen Bogen weiter und erreichen bald die offenen Viehweiden auf der Höhe. Charakteristisch für diese alte Kulturlandschaft in der Westeifel sind die Baumgruppen, die sich meist um freiliegende Dolomitfelsen gebildet haben. Dazwischen grast buntes Milchvieh und ihr Schnauben verrät die Pferde, die im Schatten der ausladenden Buchen und Bergulmen vor sich hin dösen. Wir stoßen auf einen asphaltierten Wirtschaftsweg, dem wir nach rechts in östlicher Richtung folgen. Kurze Zeit später treffen wir an einer markanten Wegespinne wieder auf den querverlaufenden Karolingerweg. Ohne die Richtung zu ändern marschieren wir am Aussiedlerhof vorbei, durchqueren den Knick in der kleinen Talmulde und gelangen auf der nächsten Höhe in ein Wasserschutzgebiet. Dort geht es nach rechts den Wirtschaftsweg entlang bis zu der Kreuzung an einer markanten Baumgruppe neben dem alten Bildstock. Geradeaus geht es weiter auf einem sandigen Feldweg durch ein kleines Wäldchen hinüber zur Landstraße, auf der wir mit dem Auto gekommen sind. Ein paar hundert Meter nach links an der wenig befahrenen Strecke und wir gelangen wieder an den Ausgangspunkt unserer Tour.

Start / Ziel: Parkmöglichkeit an der Landstraße L 10 Loch – Hersdorf ca. 1 Km auf der rechten Seite am Waldrand (Kreuz)

Distanz:15 Kilometer, mindestens fünf Stunden einplanen

Schwierigkeitsgrad: leicht, beim Aufstieg zur Ruine Schönecken viele Stufen

Besonderheiten: Rucksackverpflegung empfohlen

Einkehrmöglichkeit: in Schönecken

Anfahrt:
aus dem Raum Ruhrgebiet / Köln / Aachen: Autobahn A1 Richtung Trier – Autobahnende – Richtung Hillesheim / Gerolstein – Gerolstein – Bundesstraße B 410 Richtung Prüm – hinter Büdesheim links der Ausschilderung Schönecken folgen

aus dem Raum Koblenz: Autobahn A 48 / A 1 – Autobahndreieck Vulkaneifel – Anschlussstelle Daun – in Daun der Ausschilderung im Kreisverkehr Richtung Gerolstein folgen – Bundesstraße B 410 Richtung Prüm – hinter Büdesheim links der Ausschilderung Schönecken folgen
aus dem Raum Trier / Saarland: Bundesstraße B 51 Richtung Bitburg / Aachen / Köln – Autobahn A 60 Richtung Prüm / Köln – Anschlussstelle Waxweiler der Ausschilderung Nimsreuland / Schönecken folgen – in Schönecken rechts – Richtung Hersdorf – in Hersdorf links Landstraße L 10 Richtung Loch – ca. 1,5 Km links der Straße Parkmöglichkeit am Waldrand (Kreuz)

Information: Wanderkarte 1 : 25.000 Nr. 17 des Eifelvereins „Prümer Land“ (Neueste Ausgabe)

Tipp: Wer besonders schöne Fotos von Schönecken und der Burgruine machen möchte, steigt auf die Felsenplattform im Wald gegenüber des Burgbergs hinauf (von der Ortsmitte hin und zurück + 30 Minuten)

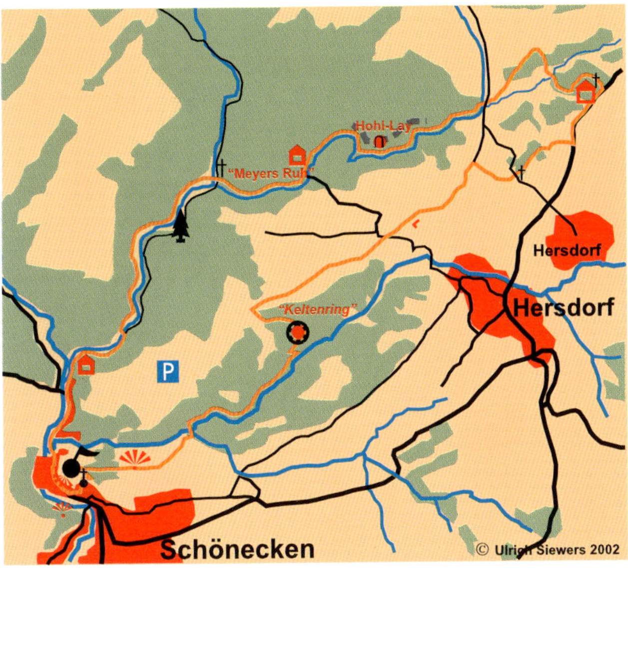

Langsam sinkt ein Eifelberg

Auf der Suche nach rätselhaften Naturerscheinungen im Lampertstal

Es muss Anfang der 20er Jahre sein, als eine merkwürdige Geschichte passiert. Ein alter Bauer aus dem nahen Dollendorf pflügt nichts ahnend mit seinen beiden Kühen den steinigen Acker auf „der Hüh“. Plötzlich sinken beide Zugtiere mit ihren Hinterbeinen voraus langsam in den Boden und mit ihnen der Pflug samt dem entsetzten Bauern. Eine etwa zwei Meter lange und einen Meter breite Spalte hat sich im Boden aufgetan. Gottseidank ist dem braven Landmann samt seinen Kühen nichts passiert. Die Geschichte spricht sich natürlich wie ein Lauffeuer herum. Wieder einmal hat der „sinkende Berg“ auf sich aufmerksam gemacht und wird für einen kurzen Zeitraum zum regionalen Medienereignis. Fragen wir die älteren Dollendorfer nach dem „sinkenden Berg“, führen sie uns bereitwillig an eine bestimmte Stelle am oberen Dorfende. „Von hier“, berichtet uns Martha Becker, „konnte man früher nur die Dächer vom Vellerhof sehen.“ Heute liegt er deutlich sichtbar über der „der Höhe“, wie der Bergrücken zwi-

schen dem Galgenberg und der Antonius-Kapelle bei Schlosstal im Dorf genannt wird. „Sicher gab es dort früher einen Wald, der die Sicht versperrte." Nein, es gibt dort keinen Wald. Die sichtversperrende Höhe selbst ist abgesunken. „Als ich Kind war, war der ganze Berg ein ziemlich glatter, in der Mitte sanft gerundeter Hügel", berichtet die rüstige alte Dame. „In den vergangenen Jahren ist diese Rundung nach und nach verschwunden. Als Kind haben mir die Leute erzählt, dass die Römer im Berg große Katakomben angelegt hätten, die heute zusammenstürzen. Das ist natürlich nicht wahr."
Was wir erfahren, ist für Geologen nichts Neues. Die „Dollendorfer Höhe" liegt nämlich genau in der Achse einer Kalkmulde und wird aus Kalken und Dolomiten aufgebaut. Das Gestein hat die Eigenart, dass das Regen- oder Schmelzwasser durch Risse und Klüfte eindringt und große Kanäle und Höhlungen ausspült. Im Bereich um den Ort Dollendorf versickert so der größte Teil der Niederschläge und die an der Oberfläche vorhandenen Wasserläufe führen nur selten Wasser und wenn, dann nur ganz schwach. Meistens sind sie trocken. Die unterirdischen Wasservorräte treten im Ahrtal unterhalb der Dollendorfer Burgruine in Form stark schüttender Quellen wieder ans Tageslicht (Burgpützen). Im Zuge dieses Grundwasserstromes liegt der „sinkende Berg". Seine Wasser transportieren das gelöste Kalk- und Dolomitgestein und lassen den Höhenrücken langsam nachsinken. Die Fachleute sprechen bei diesem Vorgang von Verkarstung. Sichtbar wird dies an den zahlreichen, fast kreisrunden Einsturztrichtern (Dolinen), die wir im gesamten Höhenbereich südlich des Lamperts-

Der flache Hügel über den Häusern hatte einmal eine runde Kuppe

tales häufig finden. An der Geschichte mit den Römern ist allerdings auch ein Körnchen Wahrheit. Herbert Caspers aus Dollendorf berichtet von einem Fund, den er als Kind machte. Die seltsamen flachen Ziegelsteine, die er aus dem Acker ausgrub, entpuppten sich als Bestandteile einer römischen Fußbodenheizung. Diese unterirdischen „Katakomben" aus der römischen Besiedlungszeit sorgen im Rheinland schon seit Jahrhunderten für die Bildung von Spekulationen und Märchen. In Köln glaubte man, in den niedrigen Heizungsgewölben und -schächten leben kleine menschliche Wesen. Haben die Kölner „Heinzelmännchen" vielleicht etwas mit dem „Lampertsmännchen" gemeinsam, das in dunklen Nächten ruhelos zwischen den „Hungerpützen" und den „Burgpützen" wandelt?
Wir wollen dieser Frage einmal vor Ort nachgehen.
Unseren Pkw lassen wir im Bereich der Antoniuskapelle an der Straße von Dollendorf nach Schlosstal zurück. Unser erstes Ziel ist der „sinkende Berg", die „Hüh", wie er im Volksmund heißt. Dazu wandern wir auf dem schmalen Feldweg am südlichen Rand des kleinen Wäldchens neben der Kapelle zunächst bis zum oberen Rand des Lampertstales und dort nach links auf schmalem Pfad nach Süden. Wer hier spektakuläre Naturschauspiele erwartet, wird enttäuscht. Außer den bereits erwähnten Dolinen gibt es nicht viel zu sehen und die Gefahr, im Boden zu verschwinden, besteht auch nicht. Wir marschieren über den Höhenrücken bis hinunter zur Straße von Dollendorf nach Ripsdorf. Der Straße nach geht es ein Stück Weges durch das sogenannte „Galgental". Es ist eines der typischen Trockentäler, die hinunter in das Lampertstal verlaufen. Nur die typische Bachvegetation verrät den unterirdischen Wasserlauf. Dann biegen wir nach links auf den Feldweg in südwestlicher Richtung ab. Trockenmagerrasen mit seiner besonderen Vegetation finden wir nur am Anfang des Weges (geologischer Aufschluß mit Informationstafel). Auf asphaltierten Wirtschaftswegen und grasbedeckten Feldwegen geht es durch das sogenannte „Birkental". Zwischen Viehweiden wandern wir nach rechts hoch bis zur Grenze des Naturschutzgebietes „Lampertstal". Kiefern und Wacholder bestimmen das Landschaftsbild dieser Kalktriften. An der Waldspitze marschieren wir noch ein kurzes Stück geradeaus aufs freie Feld und biegen dann auf dem Weg nach links hinüber zum kleinen Wäldchen. Nach Nordosten geblickt liegt ein typisches Trockental vor uns – uraltes Kulturland.
Wir wandern nun am Waldrand entlang durchs Schwarzental hinüber zum Naturschutzgebiet am Eusberg. Dabei queren wir die Landesgrenze zwischen Nordrhein-Westfalen und Rheinland-Pfalz, erkennbar an der quer zum Tal verlaufenden Heckenreihe. Hinter dem Eusberg liegt der Flecken Mirbach, bekannt durch seine Erlöserkirche, die 1902 in neoromanischem Stil nach Plänen des Berliner Architekten Spitta errichtet wird, nachdem Kaiser Wilhelm II. höchstpersönlich die Pläne geprüft und genehmigt hatte. Ein kurzer Abstecher zu diesem „Berliner Kuriosum" lohnt sich.

Spurensuche in den Kalkmulden

Auf der Suche nach rätselhaften Naturerscheinungen im Lampertstal

Lampertstal im Vorfrühling

Munter plätschert der Mirbach talwärts...

...und verschwindet plötzlich in der Erde

Unser nächstes Ziel ist der Mirbachgrund am Fuß des Kauligenberges. Vom Eusberg gelangen wir über den Feldweg an den von niedrigen Weidenbüschen begrenzten Bach inmitten der Viehweiden. Munter plätschert das Wasser von Mirbach kommend und bleibt auf einmal stehen. Mitten im Bach tut sich ein Loch vom Durchmesser eines Ofenrohrs auf. Als ob jemand den Stöpsel aus der Badewanne gezogen hätte, verschwindet der ganze Bach leise gurgelnd durch die Öffnung am Grund. Diese Laune der Natur ist so faszinierend, dass wir nasse Füße riskieren, um sie im Bild festzuhalten.

Wir wandern weiter talwärts, am nun trockenen Bachbett des Mirbachs entlang. Nur nach starken Regengüssen oder wenn es zur plötzlichen Schneeschmelze kommt, rauscht hier für kurze Zeit ein wilder Bach, wie die tiefen Auswaschungen belegen.

Immer wieder lösen sich durch Verwitterung und Auswaschung an den Abhängen größere Gesteinsplatten oder Felsbrocken und donnern ins Tal. Herbert Caspers erinnert sich noch gut an einen mächtigen Felsbrocken im Lampertstal, den die Leute „Wunderstein" nennen. Der Sage nach dreht er sich jedes Mal dreimal um die eigene Achse, wenn die Mittagsglocke zu hören ist. Bereits im Jahr 1665 wird dieser riesige Felsklotz urkundlich erwähnt.

Die „Kölnische Rundschau" mutmaßt am 13.11.1951:

Woher stammt er, dieser würfelförmige Felsblock, dessen Kanten mehr als zwei Meter lang sind, und wieso kommt er hier auf die Wiese im Lampertstal? Er ist ein Stück der hohen Felskanzel, die etwa 20 Meter höher im Wald steht. Vermutlich war diese steile Kanzel früher eine heidnische Kultstätte. Wann und warum sich der große Block vom anderen Gestein löste und in das Tal hinabrollte, ist nicht bekannt. Es mag vor Jahrtausenden geschehen sein. Jedenfalls hat er die Gemüter bewegt, und schon immer geht die Sage, er werde recht lebhaft, wenn er die Mittagsglocke höre. Des Rätsels Lösung aber ist: Da ein Felsblock nicht hören kann, braucht er das Wunder des dreimaligen Rotierens nie zu vollziehen!

Zwei Jahre später gibt es den Felsen leider nicht mehr. Er wird auseinandergesprengt, um die Wiese, auf der er lag, besser nutzen zu können. Heute steht das Tal unter Naturschutz und somit auch alle Naturphänomene.

Kurz bevor wir das Lampertstal erreichen, klärt uns eine Informationstafel über die wissenschaftlich erwiesenen Hintergründe auf. Der mit Schlamm gefüllte Trichter im Bachgrund ist ein weiteres Abflussloch des Mirbachs, der heute keine erkennbare Verbindung mehr zum nur wenige Meter entfernten Lampertsbach aufweist.

Im Talgrund angekommen, wandern wir nach rechts weiter. Auch der Lampertsbach führt nur sporadisch Wasser. Seine Quellen liegen in den Seitentälern rund um Alendorf (S. Lust auf Natur Bd. 1 S. 80 - 84). Die Ruhe und Abgeschiedenheit dieses lieblichen Tals zieht das ganze Jahr über Wanderer und Naturfreunde in seinen Bann. Bereits Ende Februar grüßen dunkelviolette Küchenschellen und leuchtendgelbe Schlüsselblumenkissen auf den Magerrasenhängen. Im Mai bedeckt die kleine, gelbe Scheidenkronwicke den Boden. Im gesamten Gebiet zeigt sich der Orchideenreichtum mit verschiedenen Knabenkräutern, der großen Händelwurz und der weißblühenden Waldhyazinthe. Später gesellen sich Ragwurzarten dazu. Im Sommer bedeckt ein duftendes Blütenmeer den Wie-

Das Breitblättrige Knabenkraut (Dactylorhiza majalis) ist im Lampertstal häufig anzutreffen

sengrund. Im Herbst blüht dann der dunkelblaue Enzian am Wegrand und die Golddistel leuchtet zwischen den trockenen Gräsern der Kalktriften noch im November.

Nach gut zwei Kilometern überqueren wir die Straße, die von Dollendorf herunterkommt. Gleich dahinter treten mitunter mehrere Wasseradern zutage. Im Volksmund nennt man diese Schüttquellen „Hungerpützen". Nachweislich stammt ihr Wasser aus dem Alendorfer Bach und dem Mirbach. Wenn sie im Frühjahr Wasser führen, soll es eine schlechte Ernte geben. Früher sollen die Getreidehändler hierher gekommen sein, um die Erfolgsaussichten für das Erntejahr festzustellen und ihre Disposition dementsprechend zu treffen. Die Höhe zu unserer Rechten ist übrigens der „sinkende Berg".

Wir marschieren auf dem grasbedeckten Wanderweg weiter. Wo nach rechts der Weg zum Verllerhof abzweigt, bleibt manchmal das Wasser des Lampertsbaches stehen. Auch an dieser Stelle verschwindet es im Untergrund. Kurze Zeit später füllen Fischteiche den Bachgrund. Sie werden von den sogenannten „Burgpützen" gespeist. Diese gewaltige Versatzquelle am Fuß des Burgbergs, unmittelbar vor dem Überführungsbauwerk der früheren Ahrtalbahn, lässt ihr Wasser mit elementarer Kraft aus dem Berg strömen. Ohne Zweifel kommen hier die „Verlierbäche" wieder ans Tageslicht. Sie haben sich durch die Höhlen unter dem „sinkenden Berg" hindurchgefressen und werden wahrscheinlich noch durch zahlreiche weitere unterirdische Wasseradern verstärkt. Wir sind am Ende unserer abenteuerlichen Spurensuche angekommen. Durch den Wald wandern wir steil nach links hoch zur Ruine der Burg Dollendorf und weiter zur Antoniuskapelle, wo wir unser Auto geparkt haben.

Start / Ziel: Parkmöglichkeit an der Antonius-Kapelle zwischen Dollendorf und Schloßtal

Distanz: 13 Kilometer

Schwierigkeitsgrad: leicht

Besonderheiten: Rucksackverpflegung empfohlen

Anfahrt:
aus dem Raum Ruhrgebiet / Köln / Aachen: Autobahn A1 Richtung Trier – Autobahnende – Richtung Hillesheim / Gerolstein – in Ahrhütte an der Ampelkreuzung rechts – Richtung Dollendorf nach links – am Ortsrand rechts auf die Höhe zur Antoniuskapelle

aus dem Raum Koblenz: Autobahn A 48 – Richtung Trier – Anschlussstelle Ulmen – Bundesstraße B 259 Richtung Nürburgring – Bundesstraße B 258 Richtung Aachen – in Ahrhütte Richtung Dollendorf nach links – am Ortsrand rechts auf die Höhe zur Antoniuskapelle aus dem Raum Trier / Saarland: Autobahn A 1 / A 48 – Richtung Koblenz – Anschlussstelle Ulmen – Bundesstraße B 259 Richtung Nürburgring – Bundesstraße B 258

Richtung Aachen – in Ahrhütte Richtung Dollendorf nach links – am Ortsrand rechts auf die Höhe zur Antoniuskapelle

Information: Wanderkarte 1 : 25.000 Nr. 12 des Eifelvereins „Blankenheim / Oberes Ahrtal“

Tipp: Ein Abstecher zum „wachsenden Wasserfall Dreimühlen“ im Anschluss an die Wanderung
Ein lukullisches Erlebnis verspricht das Restaurant „Culinari“ im nahen Blankenheim (*www.culinari.de*)

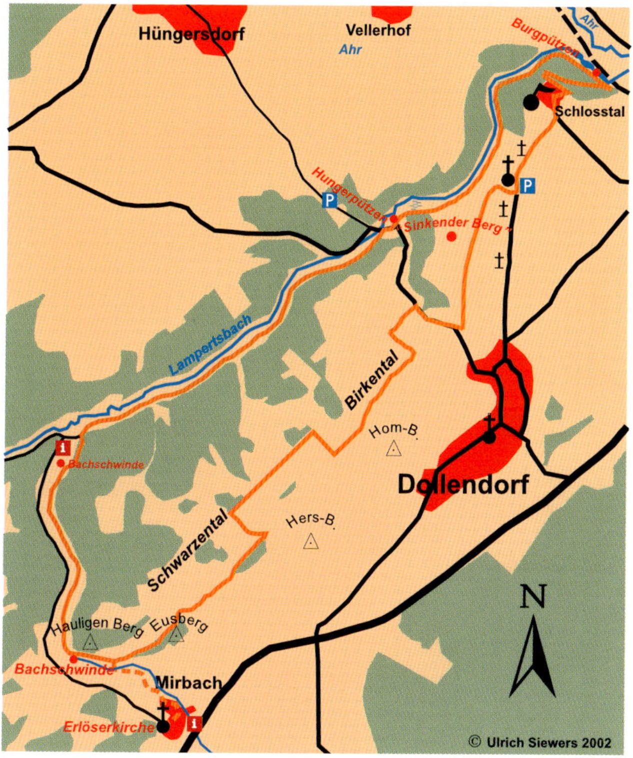

Hier lässt sich ein heißer Sommertag mit Kindern angenehm verbringen

Die Geburt eines Stücks Eifel live erleben

Erfrischender Abstecher zum Wasserfall Dreimühlen

Bei den Arbeiten am Bau der Eisenbahnstrecke Dümpelfeld-Jünkerath im Jahr 1913 stehen die Ingenieure vor einem Problem. Mitten im Streckenabschnitt zwischen Ahrhütte und Kerpen treten drei starke Quellen im Hang aus, die die Stabilität des Bahndamms gefährden können. Kurzerhand beschließen sie, die Quellwasser in eine gemeinsame Rinne zu leiten und auf der Talseite des Bahndamms über einen Felsvorsprung abfließen zu lassen. Die Eisenbahnbauer können nicht ahnen, dass sie mit diesem Wasserfall die Grundlage eines imposanten Naturschauspiels schaffen, das jährlich zahlreiche Besucher ins Tal des Ahbachs lockt. Die starken Kalkabscheidungen des Wassers bewirken, dass im Laufe der Jahre eine über 5m hohe und 11m lange Kalkmauer wächst. An den von den Felsen herabhängenden Laubmoospolstern bildet sich Kalksinter, der den ganzen Felsen überzieht und jährlich um 8 bis 10 Zentimeter wachsen lässt.

Wie lässt ein solches Naturphänomen erklären? Nun, die Wasser des „wachsenden Wasserfalls“ haben schon einen interessanten Weg hinter sich. Auf ihrem Weg durch das Kalkgestein der Eifel wurden sie mit Kohlensäure angereichert. In Verbindung mit der starken Strömung der unterirdischen Wasserläufe haben sie den Fels teilweise herausgelöst und große Hohlräume entstehen lassen (Verkarstung). Gelangt das Wasser an die Erdoberfläche, wird die CO_2-Konzentration geringer, da sich das Wasser erwärmt und CO_2 durch Photosynthese verbraucht wird. Das System befindet sich nicht mehr im Gleichgewicht und Calciumbicarbonat ($CaCO_3$) zerfällt zu $CaCO_3$ und Kohlensäure. Wenn das Wasser ans Tageslicht tritt, enthält es in großen Mengen $CaCO_3$. Das ausfallende Calciumcarbonat schlägt sich an Moosen auf dem Felsen nieder. Die organische Substanz vermodert und es bilden sich kleine Hohlräume. Es entsteht sogenannter Quelltuff oder Travertin. Unseren Pkw parken wir an der Straße Nohn-Niederehe. Der ausgeschilderte Fußweg von knapp zwei Kilometern führt an der Nohner Mühle vorbei am Ahbach entlang. Der Weg durch die Unterführung und weiter über den Bahndamm ist problemlos. Der andere, schmale Pfad unterhalb des Bahndamms ist manchmal ein wenig rutschig, wenngleich viel interessanter für die Kinder. Der Ort ist wie geschaffen, um mit ihnen einen heißen Sommernachmittag angenehm zu verbringen. Ruhebänke laden zum Verweilen ein. Eine „Dusche“ unter dem Wasserfall ist eine herrlich erfrischende Angelegenheit. Kinder lieben vor allem die kleine Grotte, die sich im Fels gebildet hat. Hinter einem Vorhang aus glitzernden Wassertropfen erleben sie die kühlfeuchte Märchenwelt der Nymphen und Wasserelfen praktisch hautnah. Deshalb an das Handtuch im Gepäck denken! Aber auch an kalten Wintertagen, wenn der Frost die Rinnsale an den Moospolstern zu Eiszapfen in den verschiedensten Formen und Größen erstarren lässt und den gesamten Felsvorsprung mit einem Eismantel umgibt, lohnt sich der Weg.

Der Wasserfall Dreimühlen (‚im Volksmund auch „Drömmeler Spröetz“ genannt,) ist auch einer der besonders beeindruckenden Aufschlusspunkte (Nr. 18) des GEO-Pfades rund um Hillesheim. Man erreicht ihn vom Parkplatz in Ahütte in etwa 30 Minuten Fußweg durchs Ahbachtal. Der Weg führt an der Burgwüstung Dreimühlen vorbei. Anfang des 13. Jahrhunderts residierte hier ein "*Balduinus de Drinmuleim*" als Lehnsmann der Abtei zu St. Maximin zu Trier. 1809/10 zeigt die Tranchot-Karte nur noch die Ruine "Treymühl" und den Waldnamen "Treymülnerbusch".

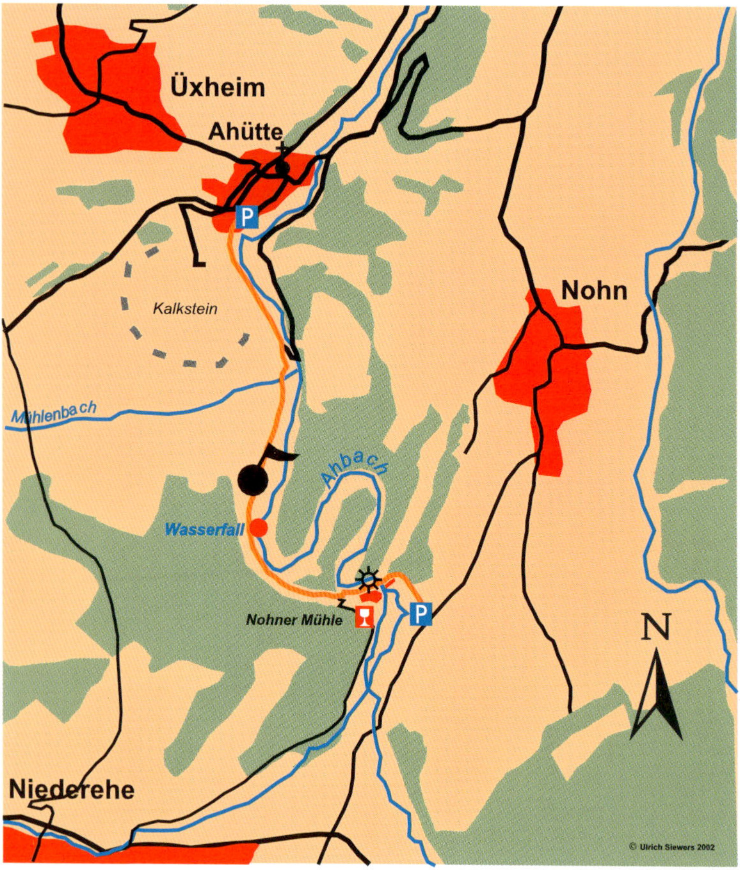

Anfahrt:
Ahrhütte – Bundesstraße B 258 Richtung Nürburgring – hinter Ahrdorf rechts
a) Richtung Kelberg – hinter Nohn abbiegen nach rechts Richtung Niederehe – nach 1 Km Parkplatz rechts – Ausschilderung „Wasserfall"
b) Richtung Üxheim – in Üxheim links Parkplatz – Ausschilderung „Wasserfall"

Information: Wanderkarte 1 : 25.000 Nr. 16 des Eifelvereins "Hillesheim"

Kapitel 6

Spurensuche auf eigene Faust

Wandern durch einen touristisch unerschlossenen Teil der Eifel

Wissenswertes

Wandern ohne Wanderführer und dabei verborgene Schätze der Geschichte entdecken ist eine Herausforderung für den passionierten Spurensucher. Da die Eifel weder am Äquator noch in der sibirischen Tundra liegt, ist damit auch keinerlei Risiko verbunden. Selbst wenn der Wanderer einmal die Orientierung verloren hat, besteht kein Grund zur Panik. Auch ausgedehnte Waldgebiete sind von Straßen durchzogen, die menschliche Siedlungen miteinander verbinden. Irgendwo im Tal stößt man immer wieder auf Gehöfte oder Ortschaften, wo nette Menschen leben, die unsere Sprache verstehen und uns weiter helfen. Und seit der napoleonischen Zeit gibt es Karten, in denen jeder Winkel der Eifelheimat erfasst ist. Wer eine Spurensuche auf eigene Faust plant, sollte sich gut vorbereiten und die nachstehenden Grundsätze beachten.

- Die Grenzen des Suchgebiets nicht zu großzügig ausdehnen und festlegen. Die Grobplanung erfolgt mit der Autokarte, die Feinplanung mit Hilfe von topografischen Karten (1 : 50.000 oder 1 : 25.000). Beides ist im gut sortierten Buchhandel erhältlich oder kann dort bestellt werden.
- Genügend Zeitreserven einplanen. Auch breite Wald- und Feldwege enden manchmal im Nirgendwo. Weidezäune, Neuaufforstungen (Schonungen) und Wildruhezonen sind unbedingt zu respektieren. Dann heißt es entweder zurück marschieren, neue Wege suchen oder Umgehungen finden.
- Ausreichende Ausrüstung (Wetterschutz, Proviant, vor allem Getränke mitnehmen)
- Zuhause gebliebene Familienmitglieder, Freunde und Bekannte über den Zeitpunkt und das Zielgebiet informieren. Ein Handy im Gepäck ist manchmal hilfreich, aber nicht immer zuverlässig.

Die hier beschriebene Wanderung soll als Anregung verstanden werden und Mut machen, es auch einmal auf eigene Faust zu probieren.

Eifelmoor im Vorfrühling

Abseits aller Wanderwege

Auf den Spuren der Götter in den Wäldern der Kyllberge

Es gibt noch ein Fleckchen Heimat, das offensichtlich bislang von sämtlichen touristischen Aktivitäten ausgegrenzt ist. Im Eifelführer von 1906 finden wir den Hinweis auf "die sogenannte Herthaquelle mit Fischweihern, Forsthütte und hübschen Anlagen im prächtigen Hochwald". Das hat uns neugierig gemacht. Die Recherchen fielen allerdings dürftig aus. Knapp 100 Jahre später ist dieser Ort scheinbar im Dornröschenschlaf versunken. Weder im Internet noch in den Wanderführern wird die Schönheit der Eifellandschaft zwischen dem sogenannten Kammerwald und dem Webbüsch westlich von Mürlenbach an der Kyll genauer beschrieben. Das wenige, was wir fanden, war meist schlichtweg falsch oder ausgesprochen oberflächlich. Es gibt auch keine Wanderkarte von diesem Gebiet, sondern lediglich die topografische Karte „Mürlenbach" im Maßstab 1 : 25.000. Ausgangspunkt für unsere Spurensuche ist der kleine Parkplatz mitten im Waldgebiet an der Wegespinne südlich der Künstlerkolonie Weißenseifen zwischen Mürlenbach und Hersdorf. Wer eine Übersichtstafel oder Wegemarkierungen erwartet, wird keine finden. Ein kleiner Bildstock neben der Straße dient der besseren Orientierung. Nur wenige Schritte links von diesem Geländepunkt führt ein schmaler Weg ins Dunkle des Fichtenwaldes. Nach etwa 300 Metern stoßen wir auf einen sandbedeckten breiten Fahrweg, auf dem wir nach rechts in westlicher Richtung weiterwandern. Mal führt er auf den nächsten zwei Kilometern durch jungen Wald, wo unter Lärchen Heidekraut, Ginster und Farne gedeihen, mal vorbei an Hochwald, der von mächtigen Buchen und Eichen geprägt wird. Dann erreichen wir eine prächtige neue Jagdhütte, die durch einen hohen Zaun vor unbefugten „Gästen" geschützt wird. Die Beschreibung im alten Eifelführer stimmt. Aber wo sind die Fischweiher? Gegenüber der Forsthütte fallen zwei mächtige Bäume auf. Genau dazwischen verläuft kaum sichtbar ein schmaler Steig. Tatsächlich finden wir auf einer sumpfigen Lichtung die Quelle und auch die Reste eines Fischteichs. Aus der in Sandstein gehauenen Brunnenfassung sprudelt wohlschmeckendes Wasser aus einer Röhre. Gleich neben der Quelle erhebt sich auch eine obeliskförmige Steintafel mit einem jugendstilähnlichen Relief. Es stellt eine abbrechende Baumkrone dar und erinnert an den tragischen Tod eines Forstmannes, der einst an dieser Stelle zu Tode kam.

Wenig erforscht ist das frühgeschichtliche Umfeld dieses Herthabrunnens. Adam Wrede erwähnt in seiner „Eifeler Volkskunde" den alten Brauch, der früher im nah gelegenen Seiwerath jedes Jahr zu Ostern ausgeübt wurde. Am Ostermorgen zogen die Jungfrauen des Dorfes zur Herthaquelle, um mittels eines irdenen Henkelkrügleins das sogenannte „Osterwasser" zu schöpfen und zu trinken. Nur wenn dieser Brauch schweigend vollzogen wurde, förderte er Schönheit und Fruchtbarkeit. Kam aber auch nur ein Laut über die Lippen des Mädchens, hatte es „Plapperwasser" geschöpft, das über keine magischen Kräfte verfügte.

Mystischer Ort im tiefen Wald

Der Name Hertha (auch Herta) entstand vermutlich im Mittelalter aufgrund eines Lesefehlers. Diese Art von Lesefehlern bei Namen und Begriffen kamen im Mittelalter sehr häufig vor. Nur ganz weni-

ge Menschen waren des Lesens und Schreibens mächtig und das oft nur sehr unvollkommen. Von Ludwig Bechstein (1801 - 1860) kennen wir die geheimnisvolle Hertha aus der Sage vom „Herthasee" (auf der Insel Rügen). Diese Gestalt taucht bereits bei Tacitus (55 - 116) als (Erd-)Göttin Nerthus (Nerthum) in seiner Schrift „Germania", Kap. 40 auf.
Oberhalb der Herthaquelle lag in vermutlich vorkeltischer Zeit ein heiliger Hain, zu dessen Füßen mehrere Quellen sprudelten. Eine davon speist den nach Osten fließenden Godesbach, den „Bach der Göttin". Den altgermanischen Begriff „Gode" (Gode oder God = Beschützer/in, Gott/Göttin = gut) finden wir auch im dialektalen „Jood" oder „Joöd", was soviel wie Patin (eines schutzbefohlenen Kindes) bedeutet.
Wir wandern weiter auf unserem Weg hinab ins Tal des Dürrbachs. Am Fuß des Kirchbergs musste der Hochwald Weideflächen Platz machen, auf denen das ganze Jahr über rotbuntes Jungvieh grast. Ein paar Fischteiche neben einer idyllisch gelegenen Fischerhütte ergänzen das Landschaftsbild. Wenig später stoßen wir im Bachgrund auf die Landstraße L 32, die von Neustraßburg kommend nach Norden in Richtung Schönecken führt. Wir folgen ihr wenige Meter nach rechts und biegen kurz vor der Brücke über den Dürrbach nach links auf den asphaltierten Wirtschaftsweg in südlicher Richtung ein. Zügig marschieren wir bergauf, vorbei an mageren Weiden, die von Birken, Haselnusssträuchern und anderen Feldgehölzen gesäumt werden.
Wenig später erreichen wir den Weiler Schartzberg, wo wir mit Hundegebell empfangen werden. Nur ein einziger landwirtschaftlicher Betrieb ist übriggeblieben, der sich von Milchwirtschaft ernährt. Ein mächtiger Eschenbaum überragt den obligatorischen Misthaufen vor dem alten Viehstall. Wir ziehen weiter, zunächst der Landstraße folgend, nach Süden. Gut einen halben Kilometer müssen wir mit dem Autoverkehr teilen, bevor es wieder nach links in den Hochwald geht.
Roter Sand bedeckt den Weg durch den sogenannten „Webbüsch". Der Weg gabelt sich. Wir wandern geradeaus weiter. Der Boden ist oft zerfurcht vom Holztransport. Im morastigen Boden zeigen unzählige frische Fährten, dass wir uns im Wald in Gesellschaft befinden. Insbesondere die Trittsiegel des Rotwildes fallen deutlich ins Auge.
Kurz bevor wir den dichten Fichtenwald erreichen, fällt uns rechts im Gelände eine außergewöhnliche Bodenform auf. Einem Bahndamm ähnlich verläuft eine offensichtlich von Menschenhand geschaffene Trasse quer zum Hang. Neugierig streben wir darauf zu. Ein Blick auf unsere Karte verschafft Klarheit. Wir sind auf die sehr gut erhaltenen Überreste eines der einst bedeutendsten Verkehrswege Europas gestoßen. Die einstige Römerstraße verband die nach Rom bedeutendste Stadt des Reiches, die Colonia Augusta Treverorum (Trier) mit der Colonia Claudia Ara Agrippinensium, dem heutigen Köln.

Einsam im Wald – die einst wichtigste römische Heerstraße von Trier nach Köln

Kilometerlang verläuft sie fast schnurgerade über den Bergrücken des „Wahlscheid". An manchen Stellen liegt das Böschungsniveau gut zwei Meter über dem Gelände. Bis etwa 400 n. Chr. herrschte hier noch reger Verkehr: Römische Soldaten, gallische Bauern und belgische Händler zu Fuß, zu Pferde oder mit dem Ochsenkarren begegneten sich regelmäßig auf dieser Straße. Zur Zeit der Karolinger verlor sie mehr und mehr an Bedeutung, zumal der notwendige Unterhalt des Straßenkörpers nicht mehr erfolgte. Heute weist nicht einmal eine Tafel auf das historisch hochinteressante Bauwerk hin. Auf der alten Eifelvereinswanderkarte „Prümer Land" mutiert es gar zur „römischen Grenzbefestigung".

Dem Verlauf der Römerstraße folgen noch immer die St. Matthias-Bruderschaften des Rheinlandes auf ihrem Weg zum Grab ihres Schutzpatrons nach Trier. Immer wieder begegnen wir ihren Kreuzen am Rand des Pilgerweges, der heute einen Kilometer östlich verläuft. Die Bergwälder beiderseits der Kyll haben unter den Folgen des Zweiten Weltkrieges schwer leiden müssen. Den sogenannten „Reparationseinschlägen" der französischen Besatzungsmacht fiel der größte Teil der Bäume zum Opfer. Vom „besonders schönen alten Hochwald" aus dem Eifelführer von 1906 ist in unserem Wandergebiet nicht mehr viel zu bestaunen. Nur ein paar „Baum-Methusalems" sind stehen geblieben: Fichten, Buchen und Eichen mit über drei Metern Stammumfang und erstaunlicher Vitalität. Schätzungsweise beträgt ihr Alter über 200 Jahre.

Wir sind dem Weg rechts entlang der alten Römerstraße gefolgt, die plötzlich wie vom Erdboden verschwunden ist. Durch den Buchenhochwald geht es nun leicht bergab und in einem Linksbogen um den Berg herum, bis wir auf einen Querweg stoßen, dem wir nach rechts hinunter ins Tal folgen. Dort treffen wir auf einen Fahrweg, der am Tannenbach entlang nach links talaufwärts führt. An den schwarzen Wassern des einsamen Moorsees vorbei wandern wir nun in nördlicher Richtung. Nach einer Weile öffnet sich das Tal und ein mit Schwarzerlen und Birken bewachsenes Hochmoor liegt vor uns. Es handelt sich um das Naturschutzgebiet „Torffenn". Früher wurde hier einmal Torf abgebaut, der als Brennstoff Verwendung fand.
Wir wechseln auf die andere Seite des Gewässers und an ein paar mächtigen Fichten vorbei erreichen wir kurze Zeit später die sogenannte Pilgerstraße. Sie kommt von Weißenseifen herunter und führt über Neuheilenbach weiter in Richtung Trier. Wir marschieren auf dem asphaltierten Weg einige Meter nach links bergauf, überqueren ihn und wandern nach rechts weiter den Holzabfuhrweg zwischen dem „Kahlen Köpfchen" und den „Steinigen Bergen" entlang bis wir auf der Höhe auf einen breiten Querweg stoßen. Diesen überqueren wir. Kurze Zeit später öffnet sich der Wald und macht einer großen Wiesenfläche Platz. An ihrem nördlichen Rand treffen wir auf den Waldparkplatz, wo wir unsere Entdeckungstour gestartet haben. Während der ganzen Wanderung ist uns außer ein paar Waldarbeitern kein Mensch begegnet. Offensichtlich haben wir in diesem landschaftlich sehr reizvollen und kulturhistorisch wertvollen Teil der Eifel „touristisches Niemandsland" entdeckt. Es sollte das Anliegen von uns allen sein, es besonders zu achten und zu schützen.

Start / Ziel: Waldparkplatz am Wegestern bei Weißenseifen

Distanz: 16 Kilometer, mindestens fünf Stunden einplanen

Schwierigkeitsgrad: leicht,

Besonderheiten: Rucksackverpflegung unbedingt empfohlen

Anfahrt:
aus dem Raum Ruhrgebiet / Köln / Aachen: Autobahn A1 Richtung Trier – Autobahnende – Richtung Hillesheim / Gerolstein – Gerolstein – Bundesstraße B 410 Richtung Prüm / Bitburg – in Lissingen rechts abbiegen – Landstraße L 24 Richtung Bitburg – in Mürlenbach rechts – Landstraße L 16 Richtung Schönecken – Waldparkplatz auf der Höhe
aus dem Raum Koblenz: Autobahn A 48 / A 1 – Autobahndreieck Vulkaneifel – Anschlussstelle Daun –in Daun der Ausschilderung im Kreisverkehr Richtung Gerolstein folgen – Bundesstraße B 410 Richtung Prüm / Bitburg – Landstraße L 24 Richtung Bitburg – in Mürlenbach rechts – Landstraße L 16 Richtung Schönecken – Waldparkplatz auf der Höhe
aus dem Raum Trier / Saarland: Bundesstraße B 51 Richtung Bitburg / Aachen / Köln – Autobahn A 60 Richtung Prüm / Köln – Anschlussstelle Waxweiler der Ausschilderung

---

Nimsreuland / Schönecken folgen – in Schönecken rechts Landstraße L 16 – Richtung Mürlenbach – Waldparkplatz am Ortsende von Weißenseifen

Information:
Topografische Karte 1 : 25.000 Nr. 5805 „Mürlenbach" des LVA Rheinland-Pfalz
Wanderkarte 1 : 25.000 Nr. 17 des Eifelvereins „Prümer Land"
(*Neueste Ausgabe*)
Tourist-Information Prümer Land, Haus des Gastes, Hahnplatz 1,
D-54595 Prüm, Tel. (0 65 51) 505 oder 94 32 07, Fax (0 65 51) 76 40,
E-mail: ti-pruem@t-online.de

Tipp: Gutes Pilzvorkommen im Herbst

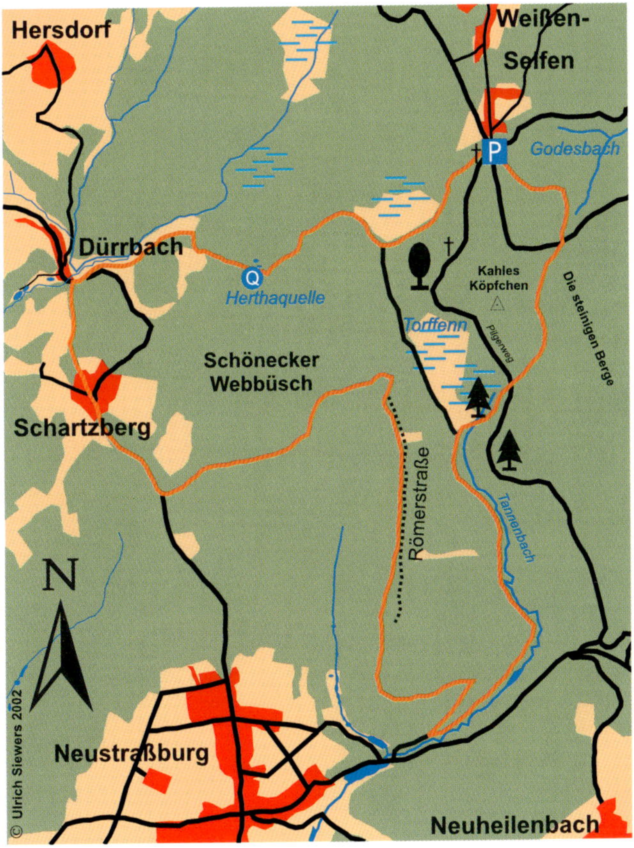

Literaturempfehlungen und andere nützliche Hinweise

Diese Liste möchte Sie gern bei Ihrer eigenen Spurensuche unterstützen. Sie erhebt natürlich keinen Anspruch auf Vollständigkeit, ist aber als Einstieg in das Thema gut geeignet. Schauen Sie zusätzlich einfach bei Ihrer Stadtbibliothek oder bei Ihrem Buchhändler ins Regal oder surfen Sie durch die empfohlenen Internetseiten.

Bereits erschienen

Ulrich Siewers: Lust auf Natur Band 1 - Erlebniswandern beiderseits des Rheins, Edition Lempertz, Bonn 2001

Literatur zu diesem Buch

Eifelführer 2000, Eifelverein, 38. Auflage, Düren 2000
Heinz Renn: Die Eifel, Eifelverein, 3. Auflage, Düren 2000
Josef Schramm: Die Eifel - Land der Maare, Essen 1974
G. Harzheim / D. Stender: Gewerbe- und Industriekultur in der Eifel, J.P. Bachem-Verlag, Köln
Adam Wrede: Eifeler Volkskunde, Bonn 1960, Neuauflage Würzburg 1983 (antiquarisch erhältlich)
K.L. Kaufman: Aus Geschichte und Kultur der Eifel, Helios-Verlag, Aachen 1988
Christian Meyer: Caesar, DTV, München 1986
Julius Caesar: Der Gallische Krieg (Lateinisch / Deutsch), Reclam-Verlag, Ditzingen 1980
Wilhelm Meyer: Geologischer Wanderführer / Eifel, Gondrom-Verlag, Bindlach 1993
Wilhelm Meyer: Geologischer Führer „Vulkanpark Brohltal / Laacher See" inkl. Wanderkarte, Görres Verlag, Koblenz 1995
GEO-Infoband Vulkaneifel, Kreisverwaltung Daun
Landschaft ohne Grenzen, Eifel - Ardennen, J. P. Bachem-Verlag, Köln 1998
Sophie Lange: Wo Göttinnen das Land beschützten - Matronen und ihre Kultplätze zwischen Eifel und Rhein, Helios Verlag, Aachen 1995

Literatur für den Rucksack

Der neue Kosmos Tier- und Pflanzenführer
Der Kosmos-Naturführer für unterwegs

Der neue BLV-Naturführer für unterwegs
Der große BLV-Pilzführer für unterwegs
Edmund Garnweidner: Pilze, GU-Naturführer, 3. Auflage, München 2000
P. H. Barthel: Orchideen erkennen und schützen, Kosmos-Naturführer, Stuttgart 1993

Literatur (nicht nur) für Kinder und Jugendliche

Der große Ravensburger Naturführer (ab 10 Jahre)
Roy Woodcock: Was ist was?, Band 57 - Vulkane, Tessloff-Verlag, Nürnberg 1997 (ab 10 Jahre)
Manfred Mai: Deutsche Geschichte, Beltz & Gelberg, 2. Auflage 2001 (ab 12 Jahre, gibt es auch als Audio-CD)
D. Aichele / M. Golte-Bechtle: Das neue Was blüht denn da?, Kosmos-Naturführer, 56. Auflage, Stuttgart 1997 (ab 10 Jahre)
Tracy Staedter: Welt des Wissens - Gesteine und Minerale, Tessloff-Verlag, Nürnberg 2000 (ab 10 Jahre)
Lin Sutherland: Welt des Wissens - Erdbeben und Vulkane, Tessloff-Verlag, Nürnberg 2001

Kartenmaterial

Karten sind ein Verbrauchsgut. Sie sollten stets auf dem neuesten Stand sein, d.h. möglichst nicht älter als fünf Jahre. Da Karten von Zeit zu Zeit überarbeitet werden müssen, sind sie manchmal vergriffen. Die in den jeweiligen Tourenbeschreibungen empfohlenen Karten waren zum Erscheinungsdatum dieses Wanderführers sämtlich im Handel, bei den Fremdenverkehrseinrichtungen oder bei der Hauptgeschäftsstelle des Eifelvereins erhältlich:
Eifelverein e.V., Verlag - Hauptgeschäftsstelle, Stürtzstraße 2 - 6, D-52349 Düren

Einkehrmöglichkeiten

Restaurations- und Beherbergungsbetriebe sind in besonderem Maße vom ständigem Wandel betroffen. Dies betrifft sowohl die Öffnungszeiten als auch die Qualität des Services. Wer sicher sein will, nicht vor verschlossenen Türen zu stehen, sollte sich vorher bei den jeweils angegebenen Auskunftsstellen informieren.

Öffentliche Verkehrsmittel

Öffentliche Verkehrsmittel sind ein wichtiger Beitrag zum Umwelt- und Naturschutz und deshalb unbedingt unterstützenswert. Der vorliegende Wanderführer verzichtet allerdings bewusst auf Hinweise zu den öffentlichen Verkehrsmitteln, weil jegliche Gewährleistung der Richtigkeit der Angaben ausgeschlossen ist. Aktuelle Auskünfte erteilen die Informationsdienste der Bahn bzw. die im Text genannten Informationsstellen.

Interessante und nützliche Internetadressen

Deutschsprachige Suchmaschinen

- . . . . *www.google.de*
- . . . . *www.metager.de*

Wissen, allgemein von A - Z

- . . . . *www.wissen.de*

Wie komme ich mit dem Pkw am besten zum Ziel?
(Optimale Fahrtroute, Entfernung etc.)

- (einschl. Straßen und Hausnummern) . . . . *www.falk.de*
- . . . . *www.reiseplanung.de*

Fahrplanauskunft

- . . . . *www.bahn.de*

Restaurant- und Übernachtungsempfehlungen

- einschl. Busverbindungen . . . . *www.varta-guide.de*

Regionale Geschichte, allgemein

- die Seiten der Stadtbibliothek Köln . . . . *www.stbib-koeln.de*
- Museen . . . . *www.rheintal.de*
- Forum für Archäologie, Sprache, interessante Link-Sammlung, u.v.a.m. . . . . *www.lateinforum.de*
- Kultur und Geschichte der Römer, Übersetzungen . . . *www.romanum.de*
- Landesarchiv Rheinland-Pfalz . . . . *www.landeshauptarchiv.de*
- Rheinisches Landesmuseum Trier . . . . *www.landesmuseum-trier.de*
- alles über das Leben in der Antike . . . . *www.antikenforum.de*
- die Seiten der Universitäts- und Landesbiblothek Bonn . . . . *www.ulb.uni-bonn.de*
- Kulturdatenbank der Region Trier . . . . *www.roscheiderhof.de*
- Informationen zur Neolithikum-Forschung . . . . . . *www.jungsteinsite.de*

Eifel

- Mitgliedschaft, Aktivitäten, Wanderkarten, Eifel-Literatur online . . . . *www.eifelverein.de*
- Informationen, Wetter, Wandertipps u.v.a.m. . . . . *www.eifellive.de*
- die schönsten Seiten der Eifel! . . . . *www.eifeltour.de*
- Naturschutz in der Eifel, deutsch / französisch . . . . *www.naturpark-hohesvenn-eifel.de*
- Eifel-Reiseführer . . . . *www.nordeifel,de*

Aktuelle Wandertipps, Sehenswürdigkeiten und Ausflugsziele in der Region, u.a. vorgestellt vom Autor selbst

- . . . . *www.general-anzeiger-bonn.de*